불안의 책

불안의 책

페르난두 페소아

김효정 옮김

까치

Livro do Desassossego
===

by Fernando Pessoa (Ática, 1982)

(이 책은 이탈리아 판 *Il libro dell'inquietudine*와 영어판 *The Book of Disquiet*를 참고하여 발췌, 번역했다)

역자 김효정
한국외국어대학교 이탈리아어과와 동 대학원을 나왔으며, 비교문학과(박사과정)를 졸업했다. 현재 한국외국어대학교와 숙명여자대학교에 출강하면서 전문번역가로 활동하고 있다. 옮긴 책으로는 『아름다운 여름』, 『당신의 고향』, 『아무도 아닌 동시에 십만 명인 어떤 사람』, 『약혼자들』, 『예술과 광고』 등이 있다.

편집, 교정 _ 권은희(權恩喜)

불안의 책

저자 / 페르난두 페소아
역자 / 김효정
발행처 / 까치글방
발행인 / 박후영
주소 / 서울시 용산구 서빙고로 67, 파크타워 103동 1003호
전화 / 02 · 735 · 8998, 736 · 7768
팩시밀리 / 02 · 723 · 4591
홈페이지 / www.kachibooks.co.kr
전자우편 / kachibooks@gmail.com
등록번호 / 1-528
등록일 / 1977. 8. 5
초판 1쇄 발행일 / 2012. 5. 10
　　6쇄 발행일 / 2020. 7. 20

값 / 뒤표지에 쓰여 있음
ISBN 978-89-7291-523-2　03870

페르난두 페소아가 소개하는 베르나르두 소아레스

리스본에는 선술집과 레스토랑이 몇 개 있다. 그중에는 품격 높은 포도주를 파는 상점 위로 일반 가정집과 비슷한 소박한 식당이 있는데, 그 식당은 기차가 닿지 않는 소도시에서나 볼 수 있는 레스토랑처럼 생겼다. 그런 식당에는 일요일을 제외하면 손님이 드물다. 그곳에 가면 호기심을 끄는 사람들, 가난한 악마들, 무심한 표정을 한 사람들, 요컨대 삶의 주변부를 사는 사람들을 자주 만나게 된다.

조용히 있고 싶기도 했고, 가격도 적당하여 나는 내 인생의 어느 시기에 그런 식당 중의 한 곳을 열심히 드나들었다. 저녁 7시 무렵 식사를 하고 있을 때, 나는 한 사람을 거의 매일 만나게 되었다. 그의 외모는 처음에는 나의 관심을 끌지 못했지만, 점점 내 호기심을 자극했다.

서른 살 정도 되어 보이는 사내는 마르고 키가 큰 편이었으며, 앉아 있을 때는 지나치게 몸이 구부정했지만, 일어서면 그보다는 덜했고, 옷차림은 별로 신경 쓰지 않은 듯하면서도 완전히 못 입은 것은 아니었다. 고통스러운 표정이기는 했지만,

그렇다고 윤곽이 평범한 그의 창백한 얼굴에 더 관심이 가는 것은 아니었다. 그의 고통을 뭐라고 꼭 집어서 말하기는 어려웠으므로 그것의 원인도 한두 가지가 아니었을 것이다. 가령 결핍과 고민 때문이거나 너무 큰 고통을 당해서 세상일에 무관심해진 나머지 생긴 괴로움 때문일 수도 있었다.

사내는 늘 소박한 식사를 했으며, 식사가 끝난 다음에는 질이 나쁜 담배잎을 종이에 돌돌 말았다. 사내는 조심스럽지만 의심이 없는 표정으로 식사하는 사람들을 예리하게 관찰하곤 했다. 사내의 눈길은 감시하고 살피는 눈빛은 아니었지만, 사람들의 외모나 겉모습에 관심을 두는 것은 아닌 듯했다. 사내에 대한 나의 호기심을 자극한 것이 바로 이렇듯이 궁금해하는 그의 태도였다. 나는 주의 깊게 그를 살피기 시작했다. 그의 얼굴에 점잖은 지성의 빛이 어렴풋이 빛나고 있는 것을 나는 깨달았다. 그러나 침울한 표정과 냉담하게 침체된 고통이 너무나 완벽하게 그의 인상을 꽁꽁 묶고 있어서 나는 그의 표정을 꿰뚫어볼 수가 없었다.

우연히 점원에게 들어서 알게 되었는데, 그는 근처 상사회사에서 회계사로 일하고 있었다.

어느 날 식당 바로 아랫길에서 사수한 시비가 있었다. 행인 두 명이 서로 드잡이를 하고 있었던 것이다. 식당 손님들이 창가로 몰려들었다. 나와 예의 그 사내도 창가로 갔다. 나는 사내에게 일상적인 말을 건넸고, 사내도 비슷하게 대꾸했다. 사내의 목소리는 침울했고, 희망이라는 것이 얼마나 부질없는 것인지 다 알기 때문에 아무것도 바랄 것이 없는 사람처럼 목소리가 떨렸다. 어쩌면 저녁마다 만나는 이 식사 친구를 내가 너무 중요하게 생각하는 것이 어리석은 일일지도 몰랐다.

  까닭은 알 수 없으나, 그날부터 우리는 인사를 나누는 사이가 되었다. 마침내 우리는 둘 다 9시 30분에 저녁 식사를 한다는 특이한 우연의 일치로 결속감이 생겼는지 어색하게 대화를 나누기 시작했다. 어느 순간에 사내는 내가 작가인지 물었다. 나는 그렇다고 대답했다. 나는 그에게 최근에 나온『오르페우(*Orpheu*)』(포르투갈 아방가르드 역사에서 중요한 잡지/역주)에 대한 이야기를 했다. 사내가 관대하게도 그 잡지를 칭찬하자, 나는 참으로 깜짝 놀랐다. 나는 소수의 사람들만이『오르페우』지에 글을 쓰는 작가들의 예술을 알고 있다고 말하며 사내에게 놀라움을 표했다. 그러나 그는 어쩌면 그가 그 소수 중의 한 사람일지도 모르겠다고 대답했다. 이윽고 사내는 그런 부류의 잡지는 그에게 어떤 새로운 사실도 말하지 못한다고 덧붙였다. 또한 그는 머뭇거리며 내게 속내를 털어놓았다. 할 일도 많지 않고, 갈 곳도 없고, 찾아갈 친구도 없고, 독서에 대한 열정도 없어서 세 든 방에서 그 역시 평소에 글을 쓰면서 저녁 시간을 보낸다고 말이다.

페르난두 페소아

불안의 책

1(90)
나는 결코 여기 도라도레스 거리를 벗어나지 못할 것이라고 때때로 생각한다. 내가 그 거리를 글로 쓴다면, 그곳은 마치 영원의 세계 같을 것이다.

2(124) 머릿속으로의 여행
제법 친근한 밤이 되면, 나의 꿈은 무한대의 세계 위에 있는 나의 4층 집에서 별이 시작되는 곳으로 난 창문까지 리듬에 맞추어, 미지의 나라 혹은 가상의 나라, 단순하게 말하자면 불가능한 나라로 멀리 여행을 한다.

3(81)
오늘 내 인생 대부분의 정신적 본질을 구성하는 동기도, 위엄도 지니지 않은 채 그렇게 정처 없이 방랑하는 중에 나는 도라도레스 거리에서, 상관인 바스케스 씨로부터, 모레이라 회계사로부터, 모든 사무원들로부터, 사환으로부터, 배달 소년으로부터, 고양이로부터 해방된 나를 보았다. 나는 꿈에서 해방감을 맛보았는데, 마치 남쪽 바다가 탐험할 수 있는 경이로운 섬들을 내게 선물한 것 같았다. 자유는 휴식과 예술적인 성취와 존재의 지적인 완성을 의미할 것이다.

그러나 오후의 소박한 휴식 시간에 카페에서 공상에 푹 빠져 있는데, 별안간 불쾌감이 내 꿈을 타고 내려왔다. 나는 언짢았을 것이다. 그렇다. 나는 다소 엄숙하게 이렇게 말하겠다. 그것에 유감을 품었을 것이라고 말이다. 바스케스 씨, 모레이라 회계사, 보르게스 출납원, 그리고 우편물을 부치러 가는 명랑한 청년과 모든 청구서 업무를 맡고 있는 심부름처럼 훌륭한 청년들, 사랑스러운 고양이 등 이들 모두는 내 인생의 일부가 되었다. 그러니 눈물 없이는 이 모든 것과 헤어질 수 없으리라. 나는 비록 그들을 참을 수 없지만, 그들은 나의 일부이고, 나는 그들 모두와 함께 있어야 하며, 그들을 떠나는 것은 내 몸을 반으로 자른 것이나 마찬가지이고, 바로 죽음과 같다. 내가 그것을 이해하지 못한다면, 나는 그 모든 것과 작별하지 못하리라.

내일이라도 내가 그들 모두를 떠나고, 도라도레스 거리라는 이 옷을 벗어던진다면, 나는 무엇에 다가갈까(왜냐하면 다른 무엇엔가 나는 다가가야 할 것이므로)? 어떤 옷을 걸칠까(왜냐하면 나는 다른 옷을 입어야 할 것이므로)?

그를 만나든, 만나지 않든 우리 모두를 위해서 바스케스 씨가 있다. 내게 그의 이름은 정말 바스케스이다. 그는 건강하고 겸손한 사람이다. 무뚝뚝할 때도 있지만, 겉과 속이 다르지 않으며, 고집스럽기는 하지만 그에게는 수많은 위대한 천재들에게 부족한, 좌파와 우파의 인간 문명이 보여준 수많은 경이로운 사건에서 부족한 정의감이 있기 때문에 결국 그는 정의로운 사람이다. 많은 사람들에게는 허영심과, 더 큰 부자가 되고 싶은 열망과, 영광과, 불멸성이 있으리라……. 나는 차라리 육신이 멀쩡한 나의 사장님, 바스케스 씨가 더 좋다. 어려운 시기에 이 세상의 모든 추상적인 주인보다 더 쓸모가 있으니 말이다.

어느 날엔가 국가를 상대로 일을 하는, 잘나가는 회사의 직원인 친구가 내 월급이 너무 적다는 것을 알게 되었다. "소아레스, 당신은 착취당하고 있어요" 하고 그가 내게 말했다. 그래서 나는 내가 실제로 착취당하고 있다고 생각하게 되었다. 그러나 살면서 모든 사람들은 착취당하기 마련이므로 나는 허영과 영광과 경멸과 질투와 불가능으로부터 착취를 당하느니 차라리 직물 사업을 하는 바스케스 씨에게 착취당하는 것이 더 낫지 않을까 하고 생각한다.

심지어 신으로부터 착취를 당하는 사람들도 있다. 이 세상의 공허함 속에서 사는 성자들과 예언가들이 그들이다.

남들이 그들의 집에 다시 들어가듯이 나도 타인의 집에, 도라도레스 거리의 넓은 사무실에 다시 들어간다. 삶으로부터 나를 지켜주는 보루에 가는 양 나는 책상으로 다가간다. 나는 계산한 것을 기록하는, 타인 소유의 내 장부에, 낡은 잉크통에, 조금 떨어진 자리에서 청구서 더미를 준비하는 세르지오의 구부정한 어깨에 눈물이 날 정도로 애착을 느낀다. 내가 이 모든 것에 애정을 느낀다면, 그것은 사랑할 것이 아무것도 없기 때문이리라. 우리가 감상주의에 빠져 사랑을 주어야 한다면, 자그마한 잉크통을 사랑하는 것이나, 지극히 무심한 별을 사랑하는 것이나 똑같은 것이다.

4(114)
미소를 통해서 영혼이 표현하는 것과 조금도 다름없이, 나는 내 인생이 이곳 도라도레스 거리에, 주위에 이 사람들이 있는 이 방에 갇혀 있다고 조용히 생각한다. 생계 수단과, 지붕과, 꿈을 꾸기 위해서 적당한 여가 시간과 좁은 공간을 가지고 있다는 것, 글을 쓰고, 잠을 자는 것. 이것 말고 신에게 다른 무엇을 요구할 수 있을까? 혹은 운명에게 다른 무엇을 바랄 수 있을까?

내게는 거대한 욕망과 과장된 꿈이 있었다. 사환에게도 재봉사 보조에게도 꿈이 있었는데, 모든 사람은 꿈을 꾸기 때문이다. 사람들을 구별하는 것은 우리에게 꿈을 이룰 힘이 있느냐 없느냐이다. 아니면 운명에게 그것을 맡길 수 있느냐 혹은 없느냐이다.

꿈을 꿀 때, 나는 재봉사와 사환과 다를 바가 없다. 내가 그들과 다른 점은 단지 글을 쓴다는 것뿐이다. 물론 글쓰기는 하나의 행위이며, 타인과 나를 구별하는 나의 현실이다. 그러나 나의 영혼과 그들의 영혼은 동일하다.

남쪽 섬들과 세계적인 위대한 열정이 있다는 것을 나는 정확히 알고 있다. […] 세계가 내 수중에 있다면, 나는 틀림없이 그것을 도라도레스 거리로 가는 표와 바꿀 것이다.

어쩌면 영원히 회계사로 사는 것이 내 운명일지도 모른다. 허나 시나 문학은, 내 머리 위에 내려앉으면, 그것이 아름다울수록 그만큼 나를 바보로 만드는 나비 같은 것이리라.

나는 모레이라를 그리워할 것이다. 하지만 엘리베이터에서 느끼는 현기증과 향수는 어떤 차이가 있을까?

바스케스 & Co. 기업의 회계사가 되는 그날이 내 인생에서 가장 위대한 하루 중의 하나가 될 것임을 나는 정확히 알고 있다. 나는 씁쓸하고 냉소적인 예감으로, 확고한 지적인 특권을 가지고 그것을 이해한다.

5(91)
바스케스 사장님. 까닭을 알 수는 없지만, 나는 자주 바스케스 씨가 거는 최면을 느낀다. 그러나 내 인생의 낮 시간을 보내는 공간에서 내 시간의 주인이라는 우연한 장애물이 아니라면 이 사내는 내게 무엇이란 말인가? 그는 내게 호감을 느끼고, 친절하게 말을 건다. 어느 누구에도 친절하지 않은, 뜻하지 않게 착잡한 순간을 제외하면 말이다. 하지만 그는 왜 나를 난처하게 하는가? 그는 상징인가? 그는 이성인가? 그는 도대체 무엇이란 말인가?

바스케스 씨는 사장이다. 나는 미래가 되면 느낄 향수에 젖어 미래에 기억할 모습 그대로 지금 그를 기억하고 있다. 그때가 되면 나는 어느 교외의 작은 집에서 평온을 즐기며 살고 있을 것이다. 그때가 되면 나는 어쨌든 지금도 하지 않는 일은 하지 않을 것이다. 아무것도 하지 않는 상태를 지속하기 위해서 오늘 나 자신과의 비교를 피할 구실과는 다른 구실을 찾으면서 말이다. 그렇지 않으면 나는 구빈원에 입원해 있을 것이다. 나의 완벽한 패배에 만족하면서, 또한 스스로 천재라고 생각하지만, 꿈을 짊어진 걸인에 불과한 낙오자들 사이에서 당황하면서 말이다. 승리할 힘도 없거니와, 패배를 승리로 바꿀 힘조차 없는 익명의 대중과 함께 말이다. 어디에 있든 나는 나의 사장님, 바스케스 씨와 도라도레스 거리의 이 방에 대해서 향수를 느낄 것이다. 내게 일상생활의 단조로움은 내가 가진 적이 없는 사랑에 대한, 혹은 나의 것일 수 없을 승리에 대한 기억과 같다.

바스케스 사장님. 오늘 여기서 그를 명확하게 보는 것처럼 나는 그 당시의 그를 오늘 본다. 중간 정도의 키에 건장하고, 뚱뚱한 그에게는 장점도 있고 단점도 있다. 솔직하면서도 교활하고, 퉁명스러우면서도 상냥한 주인이다. 그는 가진 돈을 통해서건, 털이 많고 나른한 손을 통해서건 주인인 것이다. 정맥은 마치 착색된 작은 근육처럼 튀어나왔고, 목은 튼튼하나 뚱뚱하지는 않고, 발그스레하고 매끈한 뺨을 덮은 검은 수염은 늘 정성스럽게 면도가 되어 있다. 나는 그를 본다. 굼뜨면서도 원기 왕성한 그의 몸짓과, 외부의 사물을 안에 담고 있는 그의 눈을 본다. 허나 그가 내게 찬성하지 않는 순간 당황하는 기색을 포착하자, 나는 그의 미소 때문에, 군중의 환호처럼 인간적이고 관대한 그 미소 때문에 마음이 환해진다.

어쩌면 내 옆에 바스케스 씨보다 더 중요한 인물은 없기 때문일 수도 있다. 평범하고 때로는 세속적이기까지 한 이 인물은 자주 나의 마음속에 들어와서 나 자신에 대한 관심을 흩뜨린다. 그는 아마 하나의 상징이리라. 아마도, 아니 거의 확신컨대, 먼 인생의 어느 부분에서 이 사내는 오늘의 그보다 내게 더 중요한 무엇이 되어 있을 것이다.

6(155)

아, 그렇다! 바스케스 씨는 인생이다. 단조롭고, 피할 수 없으며, 법을 따르는, 미지의 인생. 이 평범한 사내는 인생의 평범함을 의미한다. 그는 바깥에서 보면 나에게 전부이다. 내게 인생은 모두 바깥에 있기 때문이다.

 도라도레스 거리의 사무실이 내게 인생을 의미한다면, 같은 도라도레스 거리에서 내가 머물고 있는 이곳 3층은 예술을 의미한다. 그래, 인생과 동일한 길이지만, 다른 곳에 머무는 예술. 살아가기에서 해방된 것이 아니라 인생에서 해방된 예술. 인생만큼 단조롭지만 단지 다른 곳에 있는 예술. 그렇다, 이 도라도레스 거리는 나를 위해서 사물의 완전한 의미를, 수수께끼가 있다면 모든 수수께끼의 답을 보듬고 있다. 답을 가질 수 없는 수수께끼를 제외하고 말이다.

7(63)

나는 평소와 같은 기분으로, 낯익은 장소에 당황하지 않고 갈 수 있다는 사실이 주는 기쁨을 느끼며 이발소에 들어갔다. 새로운 것에 나는 끔찍하게 예민하다. 이미 가본 장소에서만 나는 평온을 느낀다.

 의자에 앉아 있는 동안 내 목에 차갑고 깨끗한 수건을 두르고 있는 소년에게 소년보다 나이가 많고 재치가 있는, 옆 의자에서 시중을 들던 병든 그의 동료가 어떻게 지내는지 물어보고 싶은 마음이 들었다. 나는 별로 알고 싶지는 않았지만 소년에게 그것을 물어보았다. 소년은 무덤덤한 목소리로 "어제 죽었어요" 하고 대답했다. 소년은 내 뒤에 있었고, 손가락으로 내 목덜미와 옷깃 사이로 수건을 끼워넣는 일을 끝내는 중이었다. 이유 없이 좋았던 기분이 불시에 사라졌다. 영원히 부재하는 옆 의자의 이발사처럼 말이다. 나의 사념에 냉기가 서렸다. 나는 한마디도 하지 않았다.

향수! 나는 내게 아무것도 아니었던 것에도 향수를 느낀다. 인생의 신비가 보여주는 사악함과 시간의 질주에 대한 향수 때문이다. 익숙한 길을 가다가 평소 만나곤 했던 얼굴들을 더 이상 보지 못한다면, 나는 슬플 것이다. 그러나 인생의 상징이 아니라면, 그들은 내게 아무것도 아니었다.

오전 9시 반이면 항상 만나곤 했던, 지저분한 각반을 찬 익명의 노인은? 나를 성가시게 하지만 한번도 표를 팔지 못한 절름발이 복권 판매자는? 담배 가게 문 앞에서 시가를 물고 있는, 노익장을 과시하는 땅딸막하고 토실토실한 노인은? 창백한 얼굴의 담배 가게 주인은? 단지 늘 마주치기 때문에 내 인생의 일부를 차지했던 그 모든 사람들은 내 인생에서 무엇이었을까? 내일이면 나도 프라타 거리에서, 도라도레스 거리에서, 프란케로스 거리에서 사라질 것이다. 내일이면 나도 느끼고 생각하는 영혼이며 내가 나 자신을 위해서 존재하는 우주인 나도 그래, 내일이면 나도 이 거리를 지나갈 수 없는 한 사람에 불과할 것이다. 남들이 "그는 내 인생에서 무엇이었을까?" 하는 말로 막연히 상기할 한 사람에 불과할 것이다. 내가 행동하는 모든 것,

내가 느끼고 살아가는 모든 것은 어느 도시의 일상적인 거리에서 사라진 행인 그 이상도 그 이하도 아닐 것이다.

8(153) 1930. 4. 25
이 회사에서 가장 중요한 사원이며, 가장 돈이 많은 그는 늘 애매하게 아픈 부위를 가지고 있다. 잠깐 병에서 회복된 사이 어떤 변화가 있었는지는 모르지만 그는 사무실 직원들의 단체 사진을 가지고 싶어했다. 그래서 그저께 우리는 쾌활한 사진사의 지시에 따라서 바스케스 씨의 방과 일반 사무실을 분리하고 있는 얇은 판자로 된 지저분한 흰색 칸막이에 기대어 모두 포즈를 취했다. 바스케스 씨가 가운데에 섰다. 처음에는 양쪽으로 누가 어떤 자리에 있을지 정했지만, 나중에는 되는 대로 다른 인간의 영혼들이 섰다. 이 영혼들은 날마다 작은 의무를 수행하기 위해서 그들의 육신을 이곳으로 모이게 한다. 불가사의한 신들만이 그 의무의 궁극적인 목적을 알고 있다.

오늘 평소보다 조금 늦게 사무실에 도착했을 때, 사실 나는 이미 사진사가 얼어붙은 순간을 두 번 포착했다는 것을 잊고 있었는데, 이른 아침 뜻하지 않게 모레이라와 사무직원들 중 한 명을 만났다. 이들은 검은 종이를 탐욕스럽게 들여다보고 있었는데, 나는 곧 주춤하면서 그것이 인화된 사진임을 알게 되었다. 그러나 그것은 잘 나온 똑같은 사진을 두 장 복사한 것이었을 뿐이다.

당연히 맨 먼저 나를 찾았으므로, 나는 사진에서 나를 보고 있다는 사실을 느꼈다. 나는 나의 물질적인 겉모습을 한번도 고귀하게 생각해본 적이 없었지만, 날마다 만나는 사람들이 나란히 서 있는 사진 속에서 너무나 잘 아는 타인의 얼굴 앞에서만큼 내가 무의미하다고 느낀 적은 결코 없었다. 나는 마치 초췌한 예수회 교도처럼 보인다. 야위고 무표정한 나의 얼굴은 지적이지도, 강렬하지도 않거니와, 잔잔한 파도처럼 늘어선 타인의 얼굴과 특별히 다른 점도 없다. 아니 더 자세히 말한다면, 잔잔한 파도는 아니다. 유난히 눈에 띄는 얼굴들이 있기는 하다. 바스케스 씨는 정확히 보이는 모습 그대로이다. 명랑하면서도 경직된 얼굴과 단호한 시선, 그리고 이를 마무리하는 뻣뻣한 콧수염. 그 사내의 활기와 교활함이 (요컨대 너무 평범하며, 또한 전 세계 수천 명의 사람들에게 너무나 자주 재연되고 있는) 마치 심리학 여권 속에 박혀 있는 사진처럼 그 사진 안에 기록되어 있다. 외판원 2명은 썩 잘 나왔다. 은행원은 잘 나왔지만, 모레이라의 등에 몸이 거의 가려져 있었다. 그리고 모레이라! 단조로움과 연속성의 정수를 보여주는 나의 상관, 모레이라는 나보다 훨씬 더 선명하게 보이지 않는가! 심지어 사환은—질투심이 아닐 것이라고 애써 스스로를 달래는 감정을 누르지 못한 채 나는 깨닫는다—윤곽이 뚜렷하고, 표정이 솔직하다. 문구점에서 파는 스핑크스처럼 무가치한 나의 처량함과는 수천 번의 미소만큼이나 거리가 있다.

  그 모든 것이 무엇을 의미하는 것일까? 필름 한 장이 포착할 수 있는 이 진실은 대체 무엇일까? 냉정한 렌즈 하나가 증명하는 이 확신은 무엇일까? 그렇게 존재하기 위한 나는 누구일까? 솔직하게 말하자면……그것은 상처에 모욕을 덧붙이는 것이리라…….

"사진이 아주 잘 나왔어요." 갑자기 모레이라가 말한다. 그리고 그는 은행원에게 동의를 구한다. "실물 그대로 나왔군요, 그렇죠?" 은행원은 얼른 친근하고 쾌활하게 고개를 끄덕인다. 그러자 나는 그만 쓰레기로 전락한다.

9(27)
나의 영혼은 신비로운 오케스트라이다. 그러나 나는 내 안에서 어떤 악기를 불고 어떤 악기를 끼익끼익 소리 내야 할지 모르겠다. 줄과 하프, 팀바레스(봉고보다 작은 북/역주)와 드럼. 나 자신은 마치 교향곡 같다.

10(28) 1931. 12. 1
오늘 불현듯 터무니없지만 정확한 감각을 느낀다. 은밀한 깨달음을 통해서 내가 아무도 아니라는 것을 알았다. 아무도 아닌 사람, 전적으로 아무도 아닌 사람. 빛이 깜박하는 동안 내가 도시라고 믿었던 그곳은 황량한 목초지였다. 내게 나 자신을 보여주었던 사악한 불빛은 그 목초지 위의 하늘을 보여주지 않았다. 내가 세상이 존재하기도 전에 존재할 수 있다는 가능성을 박탈당한 것이다. 내가 억지로 환생해야 했다면, 나는 나 없이, 환생하지 않은 채 환생했다.

나는 존재하지 않는 도시 주변의 교외이고, 쓰지 않은 책에 대한 장황한 해설이다. 나는 아무도 아니다. 아무도. 나는 느낄 줄도, 생각할 줄도, 희망할 줄도 모른다. 나는 아직도 쓰이지 않은 소설의 인물이므로, 하나의 현실을 가지지 못한 채 나를 완성할 수 없는 자의 꿈 사이에 있는 공간과 얇은 조각을 통과한다.

나는 끊임없이 생각하고, 끊임없이 느낀다. 그러나 나의 사고에는 추론이 없고, 나의 감정에는 감동이 없구나! 저 위에 있는 뚜껑문에서 나는 방향 없이, 연속해서, 공허하게 추락하면서 무한한 공간을 향하여 떨어지는 중이다. 나는 검은 '소용돌이'이고, 공허함 주위를 맴도는 거대한 현기증이고, 무(無) 안의, 그리고 물속의, 아니 물이라기보다는 내가 세상에서 보고 느꼈던 이미지가 표류하는 소용돌이의 구멍 주위를 맴도는 끝없는 대양의 움직임이다. 요컨대 바닥을 알 수 없는 사악한 소용돌이 안에서 집, 얼굴, 책, 상자, 음악의 반향, 산산조각 난 목소리가 빙글빙글 돌아가는 것이다.

그리고 나, 바로 나는 심연이 그려내는 기하학을 통해서만 존재하는 중심이다. 나는 무(無)이다. 그 주위를 그것 자체가 목적인 듯이 움직임이 돌고 있으며, 거기에는 모든 원에는 중심이 있어야 한다는 단지 그 이유 때문에 존재하는 중심이 있다. 나는, 바로 나는 벽이 없는 우물이지만, 벽이 저항을 하면 주위에 아무것도 없는 모든 것의 중심이 된다.

마치 지옥이 내 안에서 웃고 있는 것 같다. 그러나 사악한 웃음이 주는 인간적인 교감 대신에 죽은 우주의 광적인 불평과, 물리적 공간에서 빙글빙글 도는 시체와, 바람 속에 음침하게 표류하는 기형적이고 시대착오적인 세계의 종말만 존재한다. 그 종말을 만들어낸 하느님도 없이, 어둠의 어둠 속에서 어지럽게 돌고 있는, 전부인 동시에 하나이기도 한 불가능한 그 종말 자체도 없이 말이다.

   생각할 수만 있다면! 감각할 수만 있다면!

   나의 어머니는 너무 이른 나이에 돌아가셔서, 나는 어머니에 대해서도 전혀 알지 못했다…….

11(29)
모든 감정에 개성을, 모든 정신 상태에 영혼을 주기.

12(67) 1931. 6. 20
오늘은 지루한 모든 것이 마치 감옥의 입구처럼 나를 짓누르는 하루이다. 그러나 그 지루함은 다름 아닌 나 자신의 지루함이다. 우리가 어제 똑같은 얼굴을 보았어도, 각자의 얼굴은 오늘 다른 얼굴이 된다. 왜냐하면 오늘은 어제가 아니기 때문이다. 매일은 세상에서 똑같은 날이 단 한번도 없었던 그 날이다. 동일함은 우리의 마음에만 있으므로(비록 허구이지만, 그 자체로 느끼는 동일성), 그것을 통해서 모든 것이 비슷해지고 단순해진다. 세상은 분리된 것이고, 뚜렷이 구분되는 모서리이다. 그러나 우리가 근시안이라면, 세상은 연속적이고 불충분한 안개이다.

나는 도망치고 싶다. 내가 알고 있는 것으로부터 도망치고, 나의 것으로부터 도망치고, 내가 사랑하는 것으로부터 도망치고 싶다. 나는 떠나고 싶다. 불가능한 인도나 남쪽의 커다란 섬이 아니라 아무 곳으로나, 이 장소가 아니라는 미덕을 갖춘 아무 수도원이나 마을로 떠나고 싶다. 나는 이 얼굴들을, 이 습관과 이 나날을 더 이상 보고 싶지 않다. 나는 휴식이 아니라 생명으로 도달하는 소리를 듣고 싶다. 바닷가 오두막이나, 심지어 험난한 산비탈 위에 있는 동굴도 내게 그것을 줄 수 있다.

굴종은 인생의 법칙이다. 반역을 꾀할 수도 없고, 은신처도 찾지 못한 채 완수되어야 하므로 다른 법칙은 있을 수 없다. 어떤 사람들은 노예로 태어나고, 다른 사람들은 노예가 되며, 또다른 사람들에게는 노예 상태가 강요된다. 우리 모두가 자유(우리가 이 자유를 알고 있었다면, 우리는 새롭다는 이유로 그것을 이상하다고 할 것이고, 또한 그것을 거부할 것이다)를 위해서 느끼는 비겁한 사랑은 우리의 노예 상태의 무게를 알려주는 실마리이다. 지루한 모든 것—나를 위해서 내가 느끼는 지루함이다—에서 해방되기 위해서 동굴이나 오두막에 가고 싶다고 방금 말한 나 자신도 감히 그 오두막이나 동굴에 갈 수 있을까? 지루함은 내게 속한 것이고, 그것은 늘 현재하는데 말이다. 내가 존재하는 그곳에서 숨을 쉬지 못하는데, 나는 왜 존재할까? 질병이 나를 둘러싼 환경이 아니라 나의 폐 안에 있다면 나는 어디에서 더 잘 숨을 쉴까? 나는 순수한 태양과 자유로운 들판, 눈앞에 보이는 바다와 넓은 수평선을 열렬히 꿈꾼다. 하지만 내가 여덟 계단을 내려가 잠을 자지 않고, 음식을 먹지 않고, 도로에 가지 않는 것이, 모퉁이 담배 가게에 들르지 않거나 게으른 이발사와 인사를 나누지 않는 것에 더 적합할지도 모른다.

　우리를 둘러싸고 있는 것은 우리의 일부가 되고, 우리의 피부와 삶의 감각에 스며든다. 거대한 거미의 거품 같은 것이 가까운 것과 우리를 섬세하게 결합시키면서, 천천히 죽어가는 부드러운 침대에 우리를 가둔다. 침대에 누운 우리는 바람에 흔들린다. 모든 것이 우리이고, 우리가 모든 것이다. 그러나 모든 것이 아무것도 아니라면, 이런 것이 무슨 소용이 있을까? 한 줄기 햇빛, 갑자기 드리워진 그림자를 통해서 지나가는 줄 아는 구름 한 조각, 살랑살랑 부는 미풍, 미풍이 멈추고 뒤따르는 침묵, 몇몇 사람들의 얼굴과 목소리, 대화하는 목소리들 중 우연히 들리는 웃음소리가 무슨 소용이 있을까? 또한 상형문자 같은 별들이 조각조각 의미 없이 나타나는 밤은?

13(133)

행운에서 불어오는 바람과 부가 세워준 병풍으로 보호를 받으며, 삼촌의 정직한 손에 이끌려 리스본의 사무실에 오지 않았다면, 나는 어떻게 되었을까 하고 자주 생각한다. 그곳에서 다른 일자리를 구하여 오후의 낮잠과도 같고, 내가 생활할 수 있도록 하는 월급과도 같은 일을 하며 값싼 회계사 보조의 자리까지 오르지 않았다면 말이다.

그런 과거가 없었다면, 나는 오늘 지금의 이 글을 쓰지 못했을 것이다. 좀더 호의적인 환경에서라면 오로지 동경하기만 했을 그 글보다 틀림없이 훨씬 더 아름다운 이 글(그나마 몇 장은 될 것이다)을 말이다. 사실 평범함은 지식의 한 형식이기 때문이고, 현실은 특히 그것이 어리석거나 불쾌하다면, 영혼을 자연스럽게 보완하기 때문이다.

나는 나의 의무를 부정하고 거부하는 것처럼 느끼고 생각할 수 있는데, 그중 많은 부분이 회계사라는 나의 직업 때문이다.

답장을 쓰지 않아도 되는 이상적인 공간에 글을 쓰면서 나의 문학가로서의 성장에 대한 설문지에 대답을 해야 한다면, 나는 세사리우 베르데(Cesário Verde, 1855-1886 : 19세기 포르투갈 시인. 리스본의 일상을 노래했다/역주)의 이름과 함께 별들이 총총한 공간의 문을 열 것이다. 그러나 바스케스 씨, 모레이라, 또다른 회계사 비에라, 점원 안토니오, 사환의 이름을 포함하지 않고서는 그 문을 닫지 않을 것이다. 그리고 그들 모두를 위해서 나는 중요한 주소를 이렇게 굵은 글자로 쓸 것이다. **리스본.**

사실 세사리우 베르데와 그들 모두는 나의 세계관에 몇 가지 보정계수(補正係數)를 제공하기 때문에 중요하다. 내 생각에는 보정계수란 공학자들이 수학을 삶에 적용하는 방법론으로 이용하는 용어인 듯하다(그 의미가 정확한지 나도 확신하지는 못하지만). 그런 용어가 존재한다면, 그 용어는 나를 위해서 생겨난 것이다. 그것이 존재하지 않는다면, 나의 의도는 실패한 은유가 될 것이다.

　더구나 눈앞에 보이는 내 인생을 될 수 있는 한 명확하게 판단하면, 그것은 채색한 물건(초콜릿을 싼 호일이나 시가 종이로 만든 고리)처럼 보인다. 식탁을 정리하며 손님의 이야기를 엿듣고 있는 여종업원의 가벼운 비질로도 앞에서 말한 현실의 껍질과 부스러기와 함께 싹 쓸려가는 물건처럼 말이다. [인생은] 비질도 포괄할 수 있는 특권 때문에 마지막이 동일한 것에서 떨어져나온다. 반면 신들의 대화는 이 세상의 불행과는 무관하게 비질을 하는 그곳 위에서 계속된다.

　그렇다. 내가 부자였다면, 응석받이로 자랐다면, 옷차림이 말끔했거나 매력적인 외모를 가졌다면, 부스러기 사이에 들어간 우아한 종이라는 그 짧은 에피소드조차 될 수 없었을 것이다. 나는 행운의 접시에 남았을 것이고—"고맙지만, 사양합니다"—찬장 안에서 늙어갔을 것이다. 그러므로 사람들이 나라는 유용한 음식을 먹고 나서 던져버리면, 나는 그리스도의 육신에 남은 먼지와 함께 쓰레기통으로 간다. 나중에 어떻게 될지, 어느 별 사이에 떨어질지 상상조차 하지 않는다. 그래도 나중은 존재할 것이다.

14(118)

나는 알았다. 나는 늘 생각하고, 늘 한 번에 두 개를 기대한다는 것을. 모든 사람들도 나와 같으리라. 막연한 느낌이 있다. 너무나 막연해서 나중에 가서야 그것을 기억할 때, 그런 느낌을 가졌다는 것을 감지할 정도이다. 이 느낌에서 모든 인간의 그와 같은 이중적인 주의력의 일부(아마 내면의 부분이리라)가 만들어지는 듯하다. 내 경우에 내가 기대하는 두 개의 현실은 똑같이 중요하다. 그것에 나의 독창성이 있다. 나의 비극은 어쩌면 그것에 있을 것이다. 그리고 그것에 그의 희극도 있을 것이다.

어두운 사무실에 관한 쓸데없는 이야기를 균형 있게 쓰느라, 나는 책상에 몸을 숙인 채 부지런히 글을 쓰고 있다. 동시에 나는 그와 똑같이 집중하여 존재하지 않는 동양의 풍경을 통과하는, 존재하지도 않는 대서양 횡단 증기선의 항로를 생각으로 따라간다. 두 가지 모두 눈앞에서 똑같이 볼 수 있으며, 똑같이 선명하다. 줄이 그어진 종이 위에 나는 바스케즈 & Co.에 관한 상업 서사시의 시구를 정성스럽게 적는다. 그리고 배 위, 탁자의 틈새를 용접한 연결부위 근처에 가지런히 세워놓은 긴 의자와 휴식을 취하는 승객들의 쭉 뻗은 다리를 나는 또렷이 보고 있다.

(내가 만약 어린아이가 탄 자전거와 충돌했다면, 그 아이의 자전거는 내 이야기의 일부가 되었을 것이다.)

나의 시야에 **흡연실**의 모퉁이가 들어온다. 그 모퉁이 때문에 사람들의 다리만 보인 것이다.

내가 팔을 뻗어 펜을 잉크병으로 가져가는 동안, 바로 옆에 있다고 느끼는 **흡연실** 문에서 한 이방인의 실루엣이 나온다. 그는 내 앞에서 몸을 돌려 다른 사람들에게 간다. 그의 걸음걸이는 느렸으며, 뒷모습은 평범했다. 나는 또다른 회계 업무용 글씨를 쓰기 시작한다. 나는 내가 어느 부분에서 실수를 했는지 알아내려고 애쓴다. 마르케스의 채권 액수가 아니라 채무 액수라고 써야 했다(내가 뚱뚱하고, 애교가 있으며, 수도 없이 농담을 건네는 그를 떠올리자, 순간적으로 대서양 횡단 증기선이 사라져버린다).

15(20) 1932. 12. 30

마지막으로 내린 비가 하늘을 떠나 땅에 고였을 때부터—하늘은 맑고, 땅은 물기를 머금고 있으며 깨끗하다—하늘색과 더불어 위로 올라갔다가 밑으로 내려와 신선한 물을 즐겼던, 투명한 인생은 영혼에 자신의 하늘을 남겼고, 마음에 자신의 상쾌함을 남겼다.

　우리가 원하지 않더라도, 우리는 현재를 따르는 노예이다. 현재가 만들어낸 색조와 형식의 노예이며, 하늘과 땅에 매인 하인이다. 심지어 자신을 둘러싼 것을 경멸하면서 자기 안으로 더 많이 숨는 사람까지도 그러하다. 비가 올 때나 하늘이 맑을 때나 그렇게 숨지 않은 사람도 마찬가지이다. 추상적인 감정의 내면에서만 감지되는 모호한 변화는 비가 오기 때문에 혹은 비가 그쳤기 때문에 사실로 나타날 것이다. 우리가 그런 변화를 느끼지 못할 때 그 변화는 감지된다. 왜냐하면 우리는 시간을 느끼지 못한 채 시간을 느꼈기 때문이다.

　우리들 각자는 한 명 이상이며, 다수이지만, 각각 자기 자신을 지루하게 연장한 것이기도 하다.

그러므로 자신의 환경을 증오하는 자는 그 환경으로 인해서 기뻐하거나 고통을 받는 사람이 아니다. 우리 존재의 광활한 식민지 안에는 다양한 방식으로 생각하고 느끼는 수많은 유형의 군중이 있다. 할 일이 별로 없는 오늘, 전적으로 성스러운 휴식시간에 내가 이처럼 인상적인 몇 줄의 문장을 쓰는 바로 이 순간에도 나는 여기서는 보이지 않는 바깥의 하늘을 바라보고 있는 자이다. 이 순간에는 일을 하지 말아야 하기 때문에 만족하는 자이며, 기뻐하는 자신의 육신과 아직도 어렴풋이 차가운 손을 느끼는 자이다.

스스로에게 낯선 사람들로 구성된 나의 세계는 다르지만 빼곡히 모인 군중처럼 단 하나의 그림자를 투사한다. 글을 쓰는 이 평온한 육신, 빌려준 압지를 돌려받기 위해서 보르게스 씨의 높은 책상을 향해서 걸어가는 구부정한 이 육신을 말이다.

16(74)
[…] 밤에 지나가는 범선들은 서로 인사를 하지 않으며, 서로 모르는 사이이다 […].

17(96)
내 인생의 중요한 비극은 모든 비극처럼 운명의 장난이다. 나는 형벌과도 같은 실제 현실을 거부한다. 나는 비열한 해방과도 같은 꿈을 거부한다. 그러나 나는 실제 현실의 가장 일상적이고 가장 지저분한 부분을 살고 있다. 그리고 나는 가장 강렬하고, 절대로 변하지 않는 꿈의 일부를 살고 있다. 나는 휴식을 취하는 동안 술에 취하는 노예 같다. 요컨대 한 몸에 두 개의 불행이 산다.

번득이는 이성은 인생의 어둠 속에서 인생을 나타내는 주변의 사물들을 명확하게 보여준다. 물론 나는 평생을 살아온 이 도라도레스 거리가 얼마나 비겁한지, 얼마나 힘겨운지, 얼마나 방치되어 있고, 얼마나 비현실적인지 그렇듯 명확하게 보고 있다. 철두철미한 사람들이 모인 지저분한 이 사무실을, 어떤 사람이 죽은 듯이 살고 있다는 사실만 **빼면** 흥미로운 일은 전혀 일어나지 않는, 월세를 내는 내 방을 말이다. 또한 사람들이 서로 알고 지내는 것과 마찬가지로 주인과 안면이 있는 모퉁이의 식료품점을, 오래된 선술집 문 앞에서 서성이는 소년들을, 매일 똑같이 반복되는 일상의 불필요한 노고를, 부서진 무대임에도 불구하고 오직 그 무대에서만 공연하는 연극처럼 똑같은 인물들만 계속 등장하는 모습을······.

그러나 나는 이 모든 것으로부터 도망치는 것이 그것을 지배하거나 거부하는 것임을 또한 알고 있다. 나는 현실 안에서 그것을 뛰어넘지 못하기 때문에 그것을 통제하지 못한다. 무슨 꿈을 꾸든 늘 이 자리에 머물 터이므로 나는 그것을 거부하지도 못한다.

꿈이란 무엇인가. 그것은 나 자신에게서 도망친다는 수치심이자 마음의 청소를 마치 인생인 양 비겁하게 생각하는 것! 남들은 잠을 잘 때나 죽음을 상상할 때 그런 청소는 하는데 말이다. 그 상상을 통해서 평온하게 코를 골고 있는 그들은 마치 진화한 식물 같아 보인다. 타인과 함께 하는 고귀한 몸짓도 할 수 없고, 진정으로 유용한 헛된 욕망을 품을 수도 없구나!

카이사르가 "로마에서 이인자가 되느니 차라리 마을에서 일인자가 되는 것이 더 낫다!"라고 말했을 때, 그는 야망을 잘 정의했다. 나는 마을에서도 로마와 비슷한 어느 도시에서도 하찮은 존재이다. 적어도 모퉁이의 식료품점 주인은 아순상 거리부터 비토리아 거리까지에서 인기가 좋다. 그는 한 지역의 카이사르이다. 어쩌면 내가 그보다 더 우월하지 않을까? 하찮은 존재는 우월한 생각도 열등한 생각도 하지 못하고, 비교도 하지 못하는데, 어떤 면에서 그럴까? 그는 한 지역 전체의 카이사르이고, 그것에 걸맞게 여자들은 그를 좋아한다.

그렇게 나는 원하지 않는 행동을 하고, 가질 수 없는 것을 꿈꾸면서 나의 인생을 걸레질한다. [⋯] 도시의 정지한 시계처럼 부조리한 나의 인생을.

연약하지만 확고한 감성이, 길지만 자의식이 강한 꿈이 [⋯] 모호한 나의 특권 전반을 창조한다.

18(107)
불현듯 다가온 초가을 때 이른 사건처럼 날이 금세 어둑어둑해질 때, 우리의 일상사에 지나치게 몰두한 것 같을 때, 나는 일상적인 업무에 몰두하는 동안에도 밤이라서 그림자가 가져오는 게으름을 미리 맛본다. 밤은 잠이고, 난롯가이고, 해방이다. 넓은 사무실에 불을 밝혀 어두운 사무실이 밝아지면, 우리는 하루 종일 한번도 쉬지 않고 있다가 특별한 저녁을 맞을 준비를 한다. 그러면 나는 그것이 타인의 기억인 듯, 터무니없는 위로를 느낀다. 잠들기 전에 책을 읽을 때처럼 나는 글을 쓸 때 마음이 편안해진다.

우리는 모두 외부 환경에 예속된 노예이다. 햇살이 환하게 비치는 날이면 골목길 카페 중앙에서 넓은 들판의 문이 활짝 열린다. 시골에서 그늘에서 쉴 때, 우리는 스스로의 내면을 들여다본다. 문이 없는 자신의 집에서 더 좋은 휴식처를 찾는다. 석양은 천천히 펼쳐지는 부채처럼, 쉬어야 한다는 마음속의 자각을 낮의 사물들 사이로 서서히 확대한다.

그러나 노동은 느림을 용납하지 않는다. 스스로 활기를 띤다. 더 이상 일하지 말자. 우리에게 선고된 의무는 잠시 보류하자. 갑자기 나는 대수학(代數學)의 운명처럼 짊어진 줄을 그은 큼직한 종이를 통과한다. 나는 세상으로부터 문을 걸어 잠근 연로한 고모들의 고가(古家)에서 오전 10시에 꾸벅꾸벅 졸며 차를 마신다. 아마포를 덮은 탁자에서만 빛나는, 잃어버린 나의 유년기를 환하게 밝혀주던 석유 램프의 빛 때문에 어두운 전깃불을 밝히고 있는 모레이라의 모습과 나와 거리가 먼 수많은 무한대가 보이지 않는다. 차가 나온다(고모들의 시중을 드는 가장 나이든 하녀가 졸음에 겨워, 오랜 세월 하녀로 일한 탓에 고약해진 성질을 간신히 억누르며 차를 내온다). 그리고 나는 지나간 나의 과거를 통과하여 액수나 총액을 실수 없이 적어넣는다. 나는 내게 몰두하여, 나 자신에게 빠지며, 의무와 세상에 오염되지 않고, 신비도 미래의 흔적도 없는 머나먼 밤에 골몰한다.

너무나 감미로운 느낌이어서 채무와 채권이 나와는 아무런 상관도 없는 것 같다. 그래서 누군가 내게 질문을 하면, 나는 텅 빈 존재가 된 것 같다. 그저 문이 활짝 열린 나를 운반할 수 있는 휴대용 타자기가 된 듯이 부드럽게 대답한다. 꿈이 중단되어도 나는 당황하지 않는다. 너무나 달콤한 꿈이라서 말을 하고, 대답을 하고, 이야기를 나누는 동안에도 계속 꿈을 꿀 수 있기 때문이다. 이 모든 일이 일어나는 동안에도 나는 마시다 만 차를 다시 마신다. 그러면 사무실 문을 닫을 시간이 되는데, 나는 장부에서 눈을 들어 흘리지 않은 눈물 때문에 지친 눈을 지그시 감는다. 나는 엇갈리고 뒤섞인 감정 때문에 피곤하다. 사무실 문을 닫으면 나의 꿈의 문도 닫히기 때문이다. 금전 출납부를 덮는 내 손짓에는 돌이킬 수 없는 나의 과거가 숨어 있기 때문이다. 어두운 밤에 서로 섞이는 썰물과 밀물처럼 혼란스럽게 흘러갔다가 다시 밀려오는 의식을 붙잡고, 지독한 향수와 외로움을 느끼며 잠도, 친구도, 평온도 없는 인생의 침대에 다가가기 때문이다.

19(115)

가끔 해묵은 근심으로 지나치게 애를 태울 때가 있다. 오늘 그런 근심 때문에 마음이 답답했던 나는 소박한 식당에서 음식도 조금 먹었고, 평소처럼 술도 마시지 못했다. 그 식당에서 나는 존재를 영위하는 기반을 다진다. 식당을 나오려는데, 병에 포도주가 절반가량 남은 것을 알아차린 웨이터가 뒤로 돌아보며 말했다. "오늘 저녁에 봬요, 소아레스 씨. 몸조심하시고요."

클라리넷 소리 같은 그의 간단한 안부에 마치 구름이 잔뜩 낀 하늘에 갑자기 돌풍이 불어 구름을 몰아낸 듯이 나는 기분이 유쾌해졌다. 그때 나는 이전에는 미처 몰랐던 것을 알게 되었다. 카페와 레스토랑에서 일하는 웨이터, 이발사와 짐꾼이 자발적으로 자연스럽게 나를 동정한다는 점이다. 내가 그들보다 친근하게(명목상으로 친근한) 알고 지내는 사람들에게서는 기대할 수 없는 동정심이다.

다양한 색조의 온정이 있다.

어떤 사람은 세상을 지배하지만, 다른 사람은 그 세상이 된다. 영국이나 스위스에 재산이 있는 미국인 백만장자와 한 마을을 다스리는 사회주의자 시장 사이에는 질적인 차이는 없고 양적인 차이만 있다. 그들 밑에 우리가 있고, 불특정 다수가 있다. 다시 말해서 혼란스러운 극작가 윌리엄 셰익스피어가 있고, 학교 선생님인 존 밀턴이 있고, 방랑자인 단테 알리기에리가 있으며, 어제 나를 위해서 심부름을 해준 사환이 있고, 내가 농담을 건넨 이발사가 있으며, 내가 단지 포도주 반 병을 남겼다는 사실 때문에 나의 건강에 친근한 관심을 보여준 웨이터가 있다.

20(56)

대부분의 사람들은 어리석은 인생을 살아가고 있다. 그보다 더 놀라운 것은 바로 이런 어리석음 속에 지혜가 있다는 것이다.

단조로운 평범한 인생은 겉으로 보기에는 아주 끔찍하다. 나는 평범한 레스토랑에서 식사를 하는 중이다. 나는 조리대 너머 주방에 있는 요리사와, 대략 30년 전부터 이 식당에서 서빙을 하던 그대로 내 옆에서 서빙을 하는 나이든 웨이터를 바라본다. 이 사람들은 어떤 인생을 살까? 40년 전부터 저 사내는 주방에서 하루를 보내고 있다. 그는 도중에 잠시 쉴 수 있다. 잠은 몇 시간밖에 안 잔다. 그는 매번 고향에 갔다가, 망설임도 없이 기분 나빠하지도 않고 다시 돌아온다. 그는 조금씩 돈을 모아두지만, 쓸 생각도 없다. 갈리시아(스페인 북서부 지역/역주)에 사둔 땅 때문에 그의 주방을 떠나야 한다면 그는 병에 걸릴 것이다. 그는 40년 동안 리스본에서 살고 있다. 로툰다(리스본 토박이들이 마르케스 데 폼발 광장을 부르는 이름/역주)에도 극장에도 간 적이 없다. 콜로세움에는 딱 한 번 가보았다. 그것들은 그의 인생의 외떨어진 발자취 속에서 볼 수 있는 광대 짓이나 마찬가지이다. 그가 누구와 결혼을 했는지, 어떻게 해서 아들 넷과 딸 하나를 두었는지 나는 모른다. 조리대 반대편으로 몸을 숙이면서 그가 짓는 미소는 위대하고, 엄숙하며, 흡족한 행복을 말해준다. 그는 꾸미지 않으며, 그럴 이유도 없다. 그가 이런 행복을 느낀다면, 그가 정말 그 행복을 가지고 있다는 것을 의미한다.

매일 식탁에 커피를 놓았고, 어쩌면 방금 내 앞에 백만 번째 커피를 놓았을 늙은 웨이터는 어떤가? 그는 고작 4-5미터 떨어진 거리에서 요리사와 똑같은 삶을 이끌고 있다. 그 거리는 홀에 있는 웨이터와 주방에서 움직이는 요리사를 분리한다. 그 밖에 그는 아들만 둘이라는 것, 요리사보다 자주 갈리시아에 간다는 것, 다른 도시보다 리스본을 더 많이 보았다는 것, 그가 4년간 살았던 적이 있는 포르투를 알고 있다는 것이다. 그 또한 행복하다.

나는 놀라운 마음으로 이들의 인생의 파노라마를 다시 본다. 두려움과 고통과 경멸감을 느낄 때, 인생의 모든 권리를 가진 사람은 두려움도, 고통도, 경멸도 느끼지 않는다. 그런 인생을 사는 사람은 그렇다. 문학적 상상력의 실수는 바로 이것이다. 즉 타인들도 우리와 마찬가지이며, 우리와 똑같이 느낀다고 상상하는 것이다. 그러나 인류에게 다행스럽게도 인간은 모두 그 자신이며, 천재만이 그보다 잘난 사람이 될 수 있다.

아무튼 모든 사물은 우리와 관련되어 있다. 도로의 사소한 시비만이 이 레스토랑의 요리사를 문으로 불러올 수 있고, 그를 더 오래 붙잡아둘 수 있다. 매우 독창적인 생각을 하거나 가장 좋은 책을 읽거나, 불필요한 꿈 중에서 가장 유쾌한 꿈을 꾸느라 내가 몰두하는 시간보다 더 오래도록 말이다. 인생이 본질적으로 단조롭다면, 사실 그 사내가 나보다 더 많이 단조로움을 피하고 있다. 그것도 나보다 더 쉽게. 진실은 그의 것도, 나의 것도 아니다. 왜냐하면 진실은 누구의 것도 아니기 때문이다. 그러나 행복은 확실히 그의 것이다.

  존재에 변화를 줄 수 없는 그야말로 지혜로운 사람이다. 그렇게 되면 그는 사소한 사건이 생길 때마다 경이로움을 느낄 수 있기 때문이다. 사자 사냥꾼은 세 번째 사자를 잡은 뒤부터는 더 이상 모험심을 느끼지 못한다. 이 따분한 요리사는 거리에서 싸움이 벌어질 때마다 뭔가 묵시록적인 사건이 일어났다고 생각한다. 리스본을 절대 떠나지 않는다면 누구나 벤피카로 가는 전차에서 끝없는 여행을 할 것이다. 어느 날 신트라에 도착한다면 마르테까지 여행을 했다는 느낌을 받는다. 세계를 여행한 사람은 5,000마일이 지나면 새로움을 발견하지 못하지만, 오직 새로운 것만 찾는다. 나중에 보면 새로움은 영원한 새로움의 구세대가 된다. 하지만 새로움이라는 추상적 개념은 두 번째 새로운 것과 함께 바다에 떠 있다.

  글을 읽을 줄 몰라도, 누구와 대화를 나누지 않고도, 진정한 지혜를 가진 사람이라면 의자에 앉아서 온 세상을 구경할 수 있다. 오직 감각만을 이용하여, 영혼은 슬픔이 될 수 없다는 사실로 말이다.

  존재의 변화가 없을 때까지 존재를 단조롭게 하라. 가장 사소한 것이 흥미로운 일이 될 때까지 하루하루 감정을 이완하라. 지루하고, 똑같고, 불필요한 노동에 날마다 몰두하다 보면 내 앞에 탈출의 환영이 나타난다. 머나먼 섬에 대한 상상 속 이미지가, 과거에 있었던 공원의 거리 축제가, 다른 감정이, 다른 내가 나타난다. 그러나 장부 두 권에 숫자를 적는 동안 내가 그 모든 것을 가지고 있었다면, 그중 내 것은 아무것도 없었음을 나는 한 권의 장부를 쓰고 다음 장부를 쓰는 동안 인식한다. 사실 바스케스 씨는 원대한 꿈을 꾸는 왕들보다 낫다. 사실 도라도레스 거리의 사무실이 비현실적인 공원을 끼고 있는 커다란 가로수 길보다 낫다. 내 마음에 바스케스 씨라는 사람을 간직하면, 나는 존재하지 않는 풍경을 즐겁게 상상할 수 있다. 하지만 내가 원대한 꿈을 꾸는 왕들을 간직하면, 나는 무슨 꿈을 더 꿀 수 있을까? 내가 불가능한 풍경을 간직한다면, 더 이상 내게 불가능한 것이 있을까?

단조로움, 지루하게 비슷한 똑같은 일상, 차이가 없는 오늘과 어제. 그것이 늘 내게 남는다. 나의 정신은 깨어나서 나를 미혹하고 내 앞에서 되는 대로 날아다니는 모기를 보고 즐거워한다. 거리에서 어쩌다 들려오는 웃음소리에, 답답한 사무실에서 느끼는 커다란 해방감에, 휴일에 취하는 끝없는 휴식에 나의 정신은 깨어난다.

나는 아무것도 아니기 때문에 모든 것을 상상할 수 있다. 내가 무엇이라도 되었다면, 나는 상상할 수 없을 것이다. 회계사 보조는 로마의 황제가 되는 꿈을 꿀 수 있다. 영국의 왕은 그럴 수 없다. 영국의 왕은 이미 왕이기 때문에 그 외에 다른 것을 꿈꿀 수 없기 때문이다.

21(119)

주택가에 빛과 그림자가 교차하는 동안(혹은 빛과 그보다 흐린

빛이라고 말하는 편이 더 나을 것이다) 아침이 도시 위로 녹아내린다. 아침이 태양이 아니라 도시에서 시작되는 것 같다. 허공의 빛이 벽과 지붕에서 떨어져나가는 듯하다. 억지로 그것들에서 떨어져나가는 것이 아니라, 그것들이 거기에 있기 때문에 떨어져나가는 것 같다.

내게는 큰 소망이 있다. 그러나 그 소망은 문학적이다. 아침, 봄, 소망은 선율이 아름다운 동일한 목적을 통해서 음악적으로 결합한다. 그리하여 동일한 목적에 대한 기억을 통해서 영혼에서 결합된다. 아니다. 내가 도시를 관찰하듯 나 자신을 관찰한다면 오늘도 다른 날과 다름없이 끝났으면 하는 것이 나의 유일한 소망이 된다. 이성도 여명을 본다. 내가 그것을 보며 소망했던 것은, 만약 그런 소망이 있다면, 나의 것이 아니다. 그것은 지나가는 시간을 사는 사람들의 것이었다. 나도 모르는 사이에 내가 이 순간 영원히 인식했던 사람들의 것이었다.

소망하기? 나는 무엇을 소망해야 할까? 하루는 내게 그 하루밖에 약속하지 않는다. 나는 그 하루에 경로가 있고 끝이 있음을 안다. 햇빛은 나에게 활기를 주지만, 나를 발전시키지는 않는다. 왜냐하면 내가 이곳에 도착했듯이 나는 이곳을 나올 것이기 때문이다. 이곳은 시간보다 연로하고, 감각보다 유쾌하고, 생각보다 슬프다. 무엇인가 태어날 때마다 우리는 그것의 피할 수 없는 죽음을 상상하듯이, 그것의 탄생에 대해서 쉽게 집중할 수 있다. 지금 허공으로부터 사방에 두루 퍼지는 햇빛 속에 펼쳐지는 도시의 풍경은 마치 집들이 빼곡한 들판 같다.

자연스럽고, 넓게 퍼져 있으며, 체계적이다. 그러나 그 모든 것을 보는 동안 내가 존재한다는 사실을 혹시 나는 잊을 수 있을까? 도시에 대한 나의 인식은, 안에서 보면 나만의 인식이다.

  불현듯 어렸을 때가 떠오른다. 오늘처럼 나는 도시 위로 빛나는 아침을 보고 있었다. 그때 도시는 나를 위해서가 아니라 인생을 위해서 빛나고 있었다. 왜냐하면 그때 나는, 나도 모르고 있었지만, 인생이나 마찬가지였기 때문이다. 나는 아침을 보고 기뻤다. 허나 오늘 나는 아침을 보고 기쁘면서도 슬프다. 어린아이는 남아 있지만, 말이 없다. 어린 시절에 보았던 것처럼 보고 있지만, 나는 보는 동안에도 눈 뒤로 나를 본다. 바로 그때 해가 나를 가리고, 나뭇잎들은 생기를 잃으며, 꽃들은 피기도 전에 시들어버린다. 그렇다, 나도 옛날에는 이곳의 일부였다. 그러나 오늘 모든 풍경은 또다시 새롭고 이국적이며, 보이는 방식에 따라서 주인이기도 하고 손님이며, 내가 보고 느끼는 것을 모르는 이방인이며, 나보다 나이가 많다.

  나는 이미 모든 것을 보았다. 심지어는 한번도 본 적이 없거니와, 앞으로도 결코 보지 못할 것까지 말이다. 미래의 풍경 중에서 가장 최악의 풍경까지 내 혈관 속을 흐른다. 그리고 내가 다시 보아야 할 것 때문에 느끼는 근심은 내게 미리 예견된 단조로움이다.

  창턱에 얼굴을 내밀고 도시 위에서 시작되는 하루를 즐기노라니 오직 한 가지 생각만이 내 마음을 가득 채운다. 죽고 싶은 조용한 욕망이 생겨난다. 끝내고 싶고, 어느 도시라도 비추는 햇빛을 더 이상 보고 싶지 않고, 생각을 멈추고 싶고, 느끼고 싶지 않고, 태양과 일상의 진행을 포장지처럼 벗겨버리고 싶은 욕망 말이다. 또한 존재하고자 하는 무의식적인 노력을 무거운 옷을 벗어던지듯이 벗어던지고 싶은 욕망도.

22(123)
나는 가공할 노력을 다해 의자에서 일어나지만, 아직도 의자를 등에 짊어진 것 같다. 나의 주관으로 만들어낸 의자인지라 지금은 그것이 더 무거운 것 같다.

23(65)
나는 사랑한다. 끝없는 여름 황혼 속에서 느끼는 도시의 고요함을. 특히 낮에 매우 혼잡했던 지역에 찾아드는 낮과 정반대인 그런 고요함이 말이다. 아르세날 거리, 알팡데가 거리, 알팡데가 거리가 끝나고 동쪽을 향해 뿔뿔이 흩어지는 우울한 길들의 연속, 정지한 부두들이 그리는 선. 그런 오후에 고독 속으로 뛰어들면, 이 모든 것이 나를 슬프게 위로한다. 나는 내가 사는 시대보다 앞선 시대에 살고 있다. 다시 말해서 나는 세사리우 베르데와 같은 시대에 살고 있다고 느끼는 것이 재미있다. 비록 그의 시와 똑같지는 않지만, 본질은 동일한 시를 나는 내 안에 가지고 있다.

 나는 그 지역에서 내가 서술한 도로의 삶과 비슷한 삶의 감각을 밤이 올 때까지 끌어낸다. 낮에 도로는 감각이 없는 운동으로 넘쳐난다. 밤이 되면 그곳은 감각 없는 그 운동의 부재로 넘쳐난다. 낮에 나는 아무것도 아니다. 그러나 밤에 나는 내가 된다. 나와 알팡데가 구역의 길 사이에는 어떤 차이점도 없다. 단지 그것들은 길이고 나는 사람일 뿐이다. 그러므로 존재하는 사물 앞에서 내가 사람이라는 것은 전혀 중요하지 않다. 사람과 사물의 운명이—그 운명이 추상적이기 때문에 동일한—똑같을 때가 있다. 대수학의 신비와 똑같이 상관없이 이름이 있다는 것이다.

그러나 뭔가 다른 점도 있기는 한데……시간이 공허하고 느리게 흐르는 동안 나의 온 존재의 슬픔이 심장에서 마음으로 올라온다. 모든 것이 나의 감각이 되는 동시에 내가 바꿀 수 없는 외적인 사물이 되는 쓰라림. 아, 얼마나 자주 나의 꿈은 나를 사물로 만드는가. 그것도 현실을 대신하기 위해서가 아니라 나에게서 독립해 있다는 사실 때문에, 모퉁이에서 불쑥 튀어나오는 전차처럼, 혹은 갑자기 물이 솟구치듯이 황혼의 단조로움 속에서 아랍어 어조가 도드라지는 때늦은 노점 상인의 목소리처럼 외부에서 왔다는 사실 때문에 나와 똑같이 나의 의견을 말하기 위해서 말이다.

24(68)

나는 지금 글을 쓰는 중이다. 부드러운 햇빛이 비치는, 하루가 길게만 느껴지는 일요일 때늦은 아침이다. 휴식 없는 도시의 지붕 위에 늘 겉으로 드러나지 않는 푸른 하늘이 별들의 신비로운 존재를 망각 속에 가둔다.

   내 안에도 일요일이 있는데…….

   나의 심장도 아동용 벨벳 정장을 입고 어디에 있는지 모르는 교회에 간다. 처음으로 감명을 받아 얼굴에 홍조를 띤 채, 아주 큰 옷깃 위로 슬픔을 모르는 눈빛을 하고서 말이다.

25(12)

전기나 혹은 자서전을 쓸 수 있는 사람들이 나는 부럽다. 질투심 때문인지는 모르겠지만. 앞뒤가 맞지 않는 이 원고—나는 이 기록이 서로 연관이 있기를 원하지 않는다—에서 나는 사건이 없는 나의 자서전을, 인생이 없는 나의 이야기를 냉담하게 서술한다. 이 기록은 나의 고백이다. 내가 그것에서 아무 말도 하지 않는다면 할 말이 아무것도 없기 때문이다.

   무엇이 고백할 가치가 있고, 고백할 만큼 유용할까? 우리에게 일어나는 것, 아니면 모두에게 혹은 전적으로 우리에게만 일어나는 것이다. 첫 번째 경우에는 새로울 것이 없고, 두 번째 경우에는 이해할 수 있는 것이 아니다. 내가 느끼는 것을 글로 쓴다면 그것은 그렇게 하면 느낌의 열정이 잦아들기 때문이다. 중요한 것은 아무것도 없기 때문에 나의 고백은 중요하지 않다. 나는 느낌으로 풍경을 구성한다. 나는 감각으로 휴가를 즐긴다. 고통으로 수를 놓는 자수세공가들, 존재하기 때문에 양말을 짜는 사람들을 나는 쉽게 이해할 수 있다. 나의 늙은 고모는 밤샘하는 무한한 저녁에 카드 점을 보곤 하셨다. 이렇듯 느낌을 고백하는 일은 나 혼자 하는 카드놀이이다. 나는 운명을 알기 위해서 카드에게 물어보는 사람처럼 카드 점을 치지는 않는다. 나는 카드를 유심히 살피지 않는다. 왜냐하면 카드 점을 칠 때, 카드는 정확한 가치를 가지지 않기 때문이다. 나는 다채로운 실타래처럼 몸을 풀어헤치거나 아이들끼리 뜨개질을 하면서 만들어내는 형상처럼 나 자신을 가지고 실로 엮은 형상을 만들어낸다. 나는 오직 엄지손가락이 실을 놓치지 않는 것에만 신경을 쓰고 있다. 이윽고 내가 손을 돌리자 이미지가 바뀐다. 그러면 나는 다시 시작한다.

산다는 것은 타인의 견해를 가지고 코바늘뜨기를 하는 것이다. 그러나 뜨개질을 하는 동안, 생각은 자유롭다. 상아 코바늘이 들어갔다 나오는 사이에 모든 매혹의 원칙들이 그들의 정원을 산책할 수 있다. 사물을 뜨는 코바늘……잠시 휴식……무(無)…….

나는 내게 무엇을 기대할 수 있을까? 끔찍이도 예민한 감각, 감지하고 있다는 심오한 인식……나를 파괴하기 위한 날카로운 지성, 마음을 흩뜨리고 싶은 꿈의 힘……죽은 의지와 살아 있는 아들인 양 그 의지를 소중히 여기는 성찰…….

26(24)

이 하루의 끝에는 어제 남았던 것과, 내일 남을 것이 남는다. 그러나 똑같은 사람인 동시에 늘 다른 사람이 되고 싶은 탐욕스러운 다수의 열망.

27(59) 뇌우(雷雨)

꿈쩍도 하지 않는 구름으로 인한 이렇듯 갑갑한 공기. 반투명한 흰색으로 얼룩진 푸른 하늘.

사무실 끝에 있던 사환이 영원의 보따리를 실로 감다가 잠시 멈추더니……

"정말[…]." 하고 통계적으로 논평한다.

차가운 침묵. 칼로 자른 듯이 들려오는 거리의 소음. 호흡의 우주적인 정지가 만인의 질병처럼 오랫동안 예고되었다. 우주 전체가 멈추었다. 조금씩, 조금씩, 조금씩. 어둠이 시커멓게 타올라 침묵의 숯이 되었다.

갑자기, 살아나는 강철[…].

딸랑딸랑 전차의 금속성 소리는 얼마나 인간적이었던가! 지옥에서 부활한 거리에 소박하게 비가 내리는 풍경이야말로 얼마나 유쾌한가!

오, 리스본이여, 나의 고향이여!

28(40)

사내는 매우 감미로운 목소리로 먼 나라의 노래를 부르고 있었다. 이해할 수 없는 말들이 음악 덕분에 친근하게 느껴졌다. 파두(fado : 수도이자 항구도시인 리스본의 번화가에서 많이 불리는 포르투갈 민요/역주) 같기도 했지만, 비슷한 구석은 전혀 없었다.

노래는 숨겨진 말과 인간적인 멜로디를 통해서 우리 각자의 내면에 있으나, 아무도 인지하지 못하는 것을 말하고 있었다. 그는 일종의 최면상태에 빠진 채 청취자들의 시선은 아랑곳하지 않고 사소하고도 저속한 황홀감에 들떠 노래를 부르고 있었다.

 모인 사람들은 조롱하는 표정 없이 그의 노래를 듣고 있었다. 노래는 가끔 우리에게 사라진 종족의 동양적 비밀을 물어보곤 했다. 우리가 노래를 듣는 동안 도시의 소음이 사라져버려서 마차들이 바로 우리 옆을 지나가는 바람에 내가 입고 있던 외투의 모서리를 스쳐도 모를 정도였다. 그러나 나는 마차를 느끼기만 할 뿐 그것을 보지는 못했다. 이방인이 노래를 하는 동안에는 우리가 꿈을 꾸도록 혹은 꿀 수 없도록 자극하는 황홀함이 있었다. 그래도 그것은 거리에서 우리의 눈길을 끄는 사건이었다. 모퉁이에서 경찰 한 명이 천천히 걸어오는 것을 우리는 모두 알아차렸다. 여전히 느리게 그는 다가온다. 그는 마치 뭔가를 본 듯이, 우산을 파는 소년 뒤에서 잠시 걸음을 멈추었다. 바로 그 순간 가수가 노래를 멈추었다. 아무도 말을 하지 않았다. 그때 경찰이 앞으로 걸어왔다.

29(87)

완연한 봄, 옅게 안개가 낀 아침에 바이샤 지구가 몽롱하게 깨어난다. 말하자면 해가 느리게 솟아오른다. 살짝 차가운 공기 속에는 조용한 유쾌함이 묻어 있지만, 인생은 가벼운 미풍이 불어도 추위 때문이라기보다는 추위에 대한 기억 때문에, 지나간 추위 때문에, 현재의 날씨 때문이라기보다는 다가올 여름과 마주해야 하기 때문에 어렴풋이 오들오들 떤다.

밀크 바(우유와 아이스크림을 파는 가게/역주)와 카페를 제외하고 상점들은 아직 문을 열지 않았다. 그러나 조용한 일요일처럼 활기가 없지는 않다. 단지 조용할 뿐이다. 대기 속에 금빛 윤곽이 나타나면, 푸른색은 조금씩 줄어드는 안개를 통해서 창백한 붉은색으로 색을 갈아입는다. 노란 판에 번호를 새긴 전차들이 움직이는 윤곽이 허공에 그려진다. 그리고 사람들이 서서히, 다시 한번 도로를 메우기 시작한다.

감각에만 순수하게 집중한 나는 아무런 생각도, 감정도 없이 둥둥 떠다닌다. 나는 일찍 잠을 깼고, 목적도 없이 거리를 배회하러 밖으로 나왔다. 나는 명상에 잠긴 채 그것들을 관찰한다. 나는 생각을 통해서 그것들을 바라본다. 터무니없이 가벼운 감동의 안개가 내 안에서 솟아난다. 스러지고 있는 안개가 천천히 내 안에 스며드는 것 같다.

나는 무의식적으로 내 인생을 생각하고 있음을 깨닫는다. 그 일은 나도 모르는 사이에 일어났다. 이렇게 산책하는 내내 나는 내가 단지 보고, 느끼고 있다고만, 그저 이미지를 반사하는 반사경일 뿐이라고 생각했다. 현실이 그림자가 아니라 빛과 색을 투영하는 하얀 칸막이 같았다. 그러나 나도 모르는 사이에 나는 그 이상이 되었다. 나는 여전히 스스로를 부정하는 영혼이었고, 나의 관념적인 관찰 또한 그 자체로 부정(否定)이었다.

안개가 사라지자 공기가 어두워진다. 어슴푸레한 빛 속에 있던 안개가 여과되어 나가니 더 어둡다. 소음이 더 커지고, 사람들이 더 많아진 것을 나는 갑자기 알아차린다. 더욱 많아진 행인들의 발걸음은 서두름이 덜해진다. 자신의 존재감을 드러내면서 누구보다 느긋하게 걷는 생선 가게 아낙들의 발소리, 바구니를 들고 있어서 거인처럼 보이는 빵장수들의 당당한 걸음걸이, 다른 상품을 파는 상인들의 각기 다른 한결같은 발소리가 오직 바구니 속에 담긴 내용물 때문에 단조로움을 잃는다. 바구니 속 상품의 색이 내용물보다 더 다양하다. 우유 배달원들이 모양이 제각각인 우유 통을 마치 속이 텅 빈 엉터리 열쇠인 양 흔든다. 도시의 경찰들은 교차로에서 꼼짝도 않고 서 있다. 문명의 제복을 입은 그들은 시작하는 하루의 보이지 않는 움직임을 조용히 거부하는 것 같다.

문득 이런 생각이 든다. 어떻게 이 모든 것을 볼 수 있는 사람이 된단 말인가. 그것을 볼 수 없다면, 그것과 아무 상관도 없는 사람처럼 말이다. 나는 이 순간 그렇게 생각한다. 어떻게 오늘 인생의 표면에 도착한 어른 여행자인 양 사물을 성찰하기를 바란단 말인가! 어떻게 태어날 때부터 이 모든 사물에 익숙한 의미를 부여하는 법을 배우지 않았기를 바라고, 사물에 부여된 이미지에서 그것 고유의 이미지를 구별할 수 있기를 바란단 말인가. 그녀가 생선 가게 아낙이라고 불린다는 사실과 그녀가 존재하며 생선을 판다는 인식을 배제한 채, 그녀를 보고 그녀의 인간적인 현실을 알아챌 수 있기를 어찌 바란단 말인가. 하느님이 그를 바라보는 것처럼 도시의 경찰을 바라보기를 어찌 바란단 말인가. 마치 신비에 대한 계시와도 같은 묵시록적인 방법이 아니라, 현실이 꽃처럼 활짝 피어나듯이 모든 것을 직접 첫눈에 보고 이해할 수 있기를 어찌 바란단 말인가.

 종소리 혹은 시계탑의 소리가 울리는 것 같다. 여덟 번 울리겠지만 나는 그 수를 세지 않는다. 시간이 존재한다는 평범한 사실을 나는 새삼 깨닫는다. 사회생활이 끊임없이 이어지는 시간에 쳐둔 울타리를, 추상적인 경계선을, 미지의 한계를 말이다. 나는 스스로 깨어나서 모든 것에 이미 생활과, 평소와 다름없는 사람들이 가득한 것을 본다. 안개(이제는 푸른색이 아닌 몇몇 부분을 제외하고 하늘은 맑았다)가 정말로 나의 영혼에 흠뻑 젖어듦과 동시에 존재하는 모든 것의 은밀한 자리에 젖어들었다. 그 자리를 통해서 사물들은 나의 영혼과 소통한다. 나는 내가 과거에 보곤 했던 이미지를 잃어버린다. 나는 눈뜬장님이 된다. 이제 나의 감각이 평범해진다. 이 모든 것은 더 이상 현실이 아니다. 간단히 말하면 인생이다.

 그렇다. 나 또한 인생에 속하고, 그 인생 역시 내게 속한다. 오로지 하느님에게만 혹은 현실 그 자체에만 속하는 현실은 그렇지 않다. 그 현실은 신비와 진실을 포함하지 못한다. 현실은 (실재하거나 실재하는 척하기 때문에) 어떤 부분에서는 고정되어 있으며, 일시적이거나 영원하지 않으며, 절대적인 이미지이고, 외적 영혼을 표현하는 이상적인 형식이다.

 나는 다시 집에 오르기 위해서 대문으로 나의 느린 (내가 생각하는 것보다는 빠른) 발걸음을 향한다. 그러나 나는 들어가지 못하고, 망설이다가 계속 걷는다. 다채로운 상품들이 하품을 하고, 소비자들이 몰려드는 피게리아 광장이 나의 방랑의 지평선을 가린다. 나는 죽은 사람이 되어 천천히 앞으로 걸어간다. 내 눈에 보이는 것은 더 이상 내 것이 아니고, 더 이상 아무것도 아니다. 그리스의 문화와, 로마의 질서와, 기독교의 도덕과 문명을 형성하는 다른 허상들을 자신의 의지와는 상관없이 상속한 인간 동물이 보는 것이다. 그런 문명의 내부에서 나는 지각한다.

살아 있는 사람은 어디에 있을까?

30(142) 1932. 1. 26

다른 사람이 어떻게 존재하는지 이해하는 것이 나의 변함없는 근심 중의 하나이다. 나의 영혼이 아닌 영혼이, 나의 의식과는 무관한 의식이 어떻게 존재하는지 말이다. 나의 의식은 바로 의식이기 때문에, 나의 의식만 유일하게 가능한 의식인 것 같다. 내 앞에 서서 나와 동일한 언어로 내게 말을 하거나, 내가 하거나 할 수 있을 몸짓과 비슷한 몸짓을 하는 그 사람이 어떤 식으로든 나와 비슷한 사람이라는 것을 나는 이해한다. 그러나 내가 꿈속에서 본 형상과 똑같은 일이, 내가 읽은 소설의 인물과, 역할을 맡은 배우를 통해서 무대에 차례대로 등장하는 연극의 등장인물과 똑같은 일이 내게도 벌어진다.

타인의 실존을 진심으로 인정하는 사람은 아무도 없다. 그런 사람이 살고 있고, 자신처럼 생각하고 느낀다는 것을 인정할 수는 있다. 그러나 말로는 표현할 수 없는 차이가, 구체적인 거리가 있을 것이다.

다른 시대를 표상하는 상징이나, 책에서 나온 환영-이미지가 있다. 그것은 테라스에서 우리와 말을 하거나 전차에서 우연히 우리를 쳐다보거나 활기 없는 도로를 지나갈 때 우리를 스치는 의미 없는 육신들보다 우리에게 더 중요한 현실이 된다. 우리에게 타인들은 그저 풍경일 뿐이다. 항상 그렇듯이 유명한 거리의 보이지 않은 풍경일 뿐이다.

실제 인물들이라고 간주되고, 뼈와 살로 호칭하는 형이상학적인 무용함으로 이루어진 많은 사람들보다 나는 책에 쓰인 어느 인물들에게, 삽화에서 보았던 어떤 이미지에 대해서 더욱 깊은 혈육의 정과 친근함을 느낀다. 사실 "뼈와 살"은 완벽한 묘사방식이다. 마치 조각조각 잘라서, 정육점의 대리석 진열대 위에 진열한 물건 같고, 운명의 허리와 다리와 고기 토막처럼 피를 흘리는 시체 같다.

우리 모두가 그런 생각을 한다는 것을 알고 있었기 때문에 나는 그런 생각을 한 것이 부끄럽지 않다. 무관심은 인간들 사이에 있을 만한 경멸과 같다. 그것은 살인자처럼 서로 죽이는 줄도 모르고, 군인처럼 서로 죽어가는 중인 것을 생각하지도 못하게 하면서, 사람들이 서로를 죽일 수 있도록 한다. 이런 무관심은 타인들도 영혼이 있는 사람이라는 심오해 보이는 관념에 어느 누구도 관심을 가지지 않기 때문에 생긴다.

어느 날, 어느 순간에 어디에선가 미풍이 불어오고, 어떤 문인지 모를 문이 내 앞에 열릴 때, 모퉁이의 식료품점 주인은 정신의 본체이고, 이 순간 감자 자루 위에 올라가 문으로 얼굴을 내미는 웨이터는 고통을 느낄 줄 아는 영혼이라는 것을 나는 불현듯 느낀다.

  어제 담배 가게의 점원이 자살했다는 말을 들었을 때, 나는 거짓말 같다는 인상을 받았다. 불쌍하게도, 그 또한 존재했었다니! 우리는 모두 그 사실을 잊고 있었다. 그를 몰랐던 사람들과 똑같은 방식으로 그를 알고 있었던 우리 모두는 말이다. 내일이면 우리는 그를 더 잘 잊을 것이다. 그러나 그에게는 영혼이 있었다. 이것은 틀림없다. 자살하려면 그것은 필수였다. 열정? 고통? 틀림없이……그러나 다른 모든 사람들처럼 나도 지저분하고 어깨 부분이 제대로 재단이 되지 않아 잘 맞지 않는 퍼스티언(과거에 옷감으로 쓰던 두껍고 질긴 면직물/역주) 재킷 위로 짓던 미련한 미소만 기억날 뿐이다. 감정이 있었기 때문에 자살할 정도로 그렇게 강렬하게 감정을 느꼈던 자에 대한 나의 생각은 그것이다. 결국 아무것도 아닌 것을 위해서 자살하는 사람은 아무도 없기 때문이다……. 언젠가 그가 내게 담배를 팔 때, 나는 그가 곧 대머리가 될 것이라고 생각했다. 그런데 그는 그럴 시간이 없었다. 그것이 내게 남아 있는 그에 대한 기억 중의 하나이다. 이 기억이 그에 대한 것이 아니라 내가 가진 생각이라면, 다른 어떤 기억이 남아 있을 수 있을까?

  갑자기 시체가 보인다. 그가 누운 관과, 그 관을 옮기다 묻은, 정말로 낯선 무덤이 보인다. 담배 가게의 점원은 어떤 면에서는 그가 입고 다녔던, 어깨 부분이 잘못 재단된 재킷과 함께 있었다는 것을, 그리고 그 나머지는 모두 인류 전체였다는 것을 늘 그렇듯이 갑자기 나는 깨닫는다. 오늘 명확히 말하건대, 내가 존재하는 사람인 것처럼 그는 죽은 사람이다. 그뿐이다.

그렇다. 타인들은 존재하지 않는다.……그것은 무겁게 끌려 내려가는 이 일몰이 희미하지만 강렬한 색을 붙들고 있는 것이나 마찬가지이다. 나는 일몰의 흐름을 보지 못한다. 그러나 해가 넘어가는 아래로 커다란 강이 나를 위해 잔물결치고 있다. 조수가 되기 위해 밀려가는 강물 위로 여기 광장이 나를 위해 활짝 열렸다. 오늘 평범한 무덤에 담배 가게 점원이 묻혔다. 오늘의 일몰은 그를 위한 것이 아니다. 그러나 내가 이런 생각을 했으므로, 나의 의지와는 상관없이 오늘의 일몰은 나를 위한 것도 아니다.

31(150) 1929. 2. 25

나는 페이지가 많은 무거운 장부를 앞에 두고 있다. 나는 낡은 책상에 앉아 피곤한 눈으로 눈보다 더 피곤한 영혼을 꼿꼿이 일으킨다. 이 장부가 표현하는 무(無) 너머에서 창고는 가지런한 선반과 부지런한 직원들과 인간적인 것의 질서와 평범한 것의 평온함을 도라도레스 거리까지 보여준다. 유리창 위로 세상의 다양한 소음이 들려온다. 각기 다른 소음은 선반 옆의 평온함처럼 평범하다.

나는 회사의 예산을 부지런히 필기해둔 장부의 흰 종이 위로 다시 눈길을 준다. 그리고 나를 위해 간직한 미소를 지으며 생각한다. 직물 이름과, 가격이 적힌 이 종이와, 그 옆의 흰 여백과, 줄마다 적어놓은 계산액과 적당한 상업용어를 보고 사는 인생도 위대한 항해사들을, 모든 시대의 성자들 및 시인들을, 기록으로 남지 않은 모든 사람들을, 세상의 평가를 받지 못하는 위대한 군중을 또한 이해한다고 말이다.

모르는 직물의 이름을 적어둔 자리에서 인도와 사마르칸트의 문이 열린다. 어떤 지역에도 속하지 않은 페르시아의 시가 압운(押韻)이 없는 세 번째 연의 4행시를 통해서, 나의 불안에 멀리서 지지를 보낸다. 그러나 나는 실수하지 않는다. 나는 숫자를 쓰고, 합산을 한다. 이 회사 소속의 회계사가 평소처럼 기록한 장부의 페이지가 넘어간다.

32(151) 1931. 9. 10-11

평소에는 햇빛이 밝아 늘 청명한 이 도시에 이른 아침부터 가벼운 안개가 줄지어 늘어선 주택과, 쓸모없는 공간과, 저마다 높이가 다른 땅과 건물을 감싸고 있었다. 안개에 햇빛이 비치니 마치 금색 망토 같아 보인다. 이윽고 완연한 아침이 되자 가벼운 안개가 걷히면서 마치 베일처럼 그림자를 만들어내며 제멋대로 사라지기 시작했다. 10시 무렵에는 흐릿한 푸른 하늘만이 지나가는 안개를 드러내고 있었다.

흐릿한 가면이 떨어져나가자 하늘이 다시 얼굴을 내밀었다. 마치 창문이 활짝 열린 듯이 이미 날이 밝았다. 온갖 사물이 내는 잡음 때문에 가벼운 변화가 일어났다. 이윽고 다른 소음들이 올라왔다. 하늘색 기운이 심지어 보도 블록과 행인들의 냉담한 기운 속으로도 스며들었다. 햇볕은 따스했지만, 따스하면서도 축축했다. 이제는 사라진 안개가 이 뜨거운 공기를 아무도 모르게 통과하고 있었다.

나는 안개와 더불어 혹은 다른 방식으로 깨어나는 도시의 아침이 시골에서 하루가 밝을 때보다 훨씬 더 감동스럽다. 태양이 초원과 불룩 튀어나온 관목과, 손바닥 같은 나뭇잎을 금빛으로 물들이는(처음에는 희미한 빛으로, 다음에는 축축한 빛으로, 마지막에는 빛나는 금빛으로) 대신 창문과 벽, 지붕 등의 위에서 할 수 있는 모든 효과를 배가시킬 때 기대할 만한 것이, 인생에 돌아올 것이 훨씬 더 많다. 시골에서 새벽을 맞으면 마음이 편안하다. 허나 도시에서의 새벽은 좋기도 하고 나쁘기도 하기 때문에 나는 더 마음이 편안하다. 그렇다. 왜냐하면 내게 일어나는 가장 큰 행복은 다른 모든 행복처럼 현실이 아닌, 먼 향수를 불러일으키는 맛을 가지고 있기 때문이다. 시골의 아침은 존재한다. 그러나 도시의 아침은 약속한다. 전자는 살게 하고, 후자는 생각하게 한다. 그리고 사는 것보다는 생각하는 것이 더 낫다고 나는 마치 저주받은 위인들처럼 느낄 것이다.

33(154) 1931. 9. 15

구름……나는 오늘 하늘을 의식한다. 도시를 포함한 자연에서 사는 것이 아니라 도시에서 살기 때문에, 나는 하늘을 보지 않고 오직 그것을 느끼기만 하면서 일상을 보낸다. 구름……오늘 중요한 현실은 그것이다. 하늘을 가린 것이 내게 닥칠 운명의 커다란 위험 중의 하나인 것처럼 그것이 나를 괴롭힌다. 구름……강어귀에서 성(城)까지 구름이 흘러간다. 선두에 선 구름이 뭔지 모를 것 때문에 찢어지기라도 하면 구름은 서쪽에서 동쪽으로 뿔뿔이 흩날린다. 어떤 때 보면 가운데의 검은 구름은 느리게 흘러가다가 쉭쉭 부는 바람에 뒤늦게 흩어지기도 한다. 마지막으로 흰 구름에 때가 묻은 것처럼 보이는 검은 구름은 폐곡선(閉曲線)을 이루는 주택가 사이로 길이 열리자 남고 싶은 양, 그림자보다는 움직임을 통해서 자신이 지나간 자리를 더욱 어둡게 한다.

구름……나는 존재하는 줄도 모르고 존재하고, 죽기를 원하지 않는데도 죽을 것이다. 나는 존재하는 나와 존재하지 않는 나 사이의 간격이며, 내가 꿈꾸는 것과 인생이 나를 존재하도록 했던 것 사이의 간격이며, 나처럼 아무것도 아닌 사물들 사이에 존재하는 관념적이고 육체적인 중간지점이다. 구름…… 나의 감각은 얼마나 불안정하고, 나의 생각은 얼마나 불쾌하며, 나의 욕망은 얼마나 쓸모없는가! 구름……하늘 전체를 점령한 듯이 보일 정도로 어마어마한(주택만으로는 그것들의 정확한 크기를 잴 수가 없기 때문에) 구름 몇 개가 계속 지나간다. 한 쌍으로 연결된 두 개의 구름인 듯이 혹은 피곤한 하늘을 마주한 높은 대기 속에서 되는 대로 둘씩 쪼개지고 있는 단 하나의 구름인 듯이 보이기도 하는, 크기가 모호한 구름도 있다. 더욱 작은 다른 구름은 튼튼한 장난감 같기도 하고, 놀이에 적당하지 않은 울퉁불퉁한 공 같기도 하고, 너무 멀리 떨어져버린 차가운 공 같기도 하다.

구름……나는 나 자신에게 문제를 제기하고 나를 부정한다. 나는 나의 존재를 정당화하는 그 어떤 이로운 행동은 한 적이 없고 앞으로도 결코 하지 않을 것이다. 아무것도 아닌 것들에 대한 혼란스러운 해석들을 생각하느라 인생을 낭비하지 않았던 시절에 나는 전달할 수 없는 감각에 대한 산문시에 집중했다. 그 감각을 통해서 나는 미지의 세계를 나의 것으로 만든다. 나는 객관적으로 그리고 주관적으로 나 자신에게 싫증이 난다. 나는 모든 것에, 모든 것의 모든 것에 싫증이 난다. 구름……그것이 전부이다. 그것은 높이의 붕괴이고, 가치 없는 땅과 존재하지 않는 하늘 사이에서 오늘 유일하게 현실적인 것이다. 구름은 권태를 표현할 수 없는 작은 조각이지만, 나는 권태를 구름 탓으로 돌린다. 그것은 색깔 없는 위협을 농축한 안개이고, 벽이 없는 병원의 지저분한 무명 매듭과 같다. 구름……그것도 나처럼 보이지 않는 충동에 따라서 땅과 하늘 사이를 추한 모습으로 이동한다. 때때로 조용한 구름은 그 순백의 색 때문에 기쁨을 주고, 때때로 폭풍우를 동반한 구름은 그 어둠 때문에 슬픔을 준다. 구름은 간격을 두는 척, 행진하지 않는 척하며, 땅의 소음에서 멀고 하늘의 침묵에서도 멀다.

구름……그것은 계속 지나가고, 또 지나가며, 띄엄띄엄 늘어선 칙칙한 실타래처럼 늘 계속해서 지나갈 것이다. 마치 하늘을 거짓으로 해체하여 연장한 것처럼 말이다.

34(158) 1931. 12. 16

오늘 배달원으로 일했던 그가 그의 고향 땅으로 떠났다. 마지막으로 결정한 듯하다. 나는 그를 이 인간적인 집의 일부로 여기곤 했으므로, 그는 나와 나의 세계의 일부인 셈이었다. 그는 오늘 떠났다. 놀란 마음으로 이별의 순간을 기다리다가 복도에서 우연히 만났을 때, 내가 그를 안아주니, 그도 소심하게 나를 안아주었다. 나의 의지와 반하여 뜨거운 두 눈과 마음은 울고 싶어했지만, 나는 용기를 내어 울지 않았다.

우연히 목격했거나 단지 함께 살기만 했다는 이유로 우리 것이었던 모든 것은 정확히 말해서 우리 것이었기 때문에 우리 자신이 된다. 그러니 오늘, 내가 알지 못하는 갈리시아의 한 마을로 떠난 사람은 사무실의 배달원이 아니었다. 눈으로 볼 수 있고 또 인간적이기 때문에 나의 인생의 본질을 구성하는 일부가 떠난 것이었다. 오늘 나는 몸의 일부가 떨어져나가는 고통을 느꼈다. 나는 더 이상 이전의 나와 정확히 동일한 사람이 아니다. 사무실의 배달원이 떠났다.

우리가 사는 곳에서 일어나는 모든 일은 우리 안에서 일어난다. 우리가 보는 사물 속에서 중지된 것은 모두 우리 내면에서도 중지된다. 과거에 있었던 모든 것은, 우리가 그것을 보았다면, 그것이 떠날 때에, 우리 내부에서 제거된다. 사무실의 배달원이 떠났다.

더욱 무거워지고, 더욱 늙고, 더욱 의지가 약해진 나는 높은 책상에 앉아서 어제 하던 장부 정리를 계속한다. 그러나 오늘의 작은 비극은 사색과 함께 중단되고, 나는 자동화 과정을 따르는 장부의 계산을 힘겹게 억제해야 한다. 일부러 무기력해져서 나 자신의 노예가 될 수 있을 때에야 비로소 나는 일을 할 수 있다. 배달원이 떠났다.

그렇다. 내일이나 다른 날, 혹은 죽음이나 출발을 알리는 종이 소리 없이 나를 위해서 울릴 때, 나도 그처럼 더 이상 이곳에 없을 것이다. 복사본처럼 계단 밑의 옷장 속에 놓일 것이다. 그렇다. 내일 아니면 운명이 그것을 말할 때, 내 안에서 나인 척했던 그 자는 사라질 것이다. 내가 태어난 고향으로 갈까? 어디로 갈지 나는 모르겠다. 오늘 비극은 부재 때문에 눈에 보이고, 감각할 만한 가치가 없기 때문에 감지할 수 있다. 나의 하느님이시여, 나의 하느님이시여, 배달원이 떠났습니다.

35(159) 1930. 4. 21

꿈에 속하는 감각이 있다. 이 감각은 마치 안개처럼 영혼의 온 공간을 점령하여 생각을 할 수 없게 만들고, 행동을 할 수 없게 하고, 심지어 존재하지도 않게 한다. 우리가 잠에 빠진 것처럼 꿈속의 무엇인가가 우리에게 남아 있게 되고, 굼뜬 태양은 감각의 움직이지 않는 표면을 뜨겁게 데운다. 그것은 그저 몽롱한 상태일 뿐이다. 의지는 뜰을 지나가다가 게으르게 발로 툭 건드려 쓰러뜨리는 물통과 마찬가지이다.

우리는 눈으로 보지만 느끼지는 않는다. 인간 동물이 우글우글 몰려 있는 긴 도로는, 글자는 움직이지만 아무런 뜻도 없는,

떨어진 간판이나 매한가지이다. 집은 그저 집일 뿐이다. 우리는 사물들을 명확히 볼 수는 있지만 우리가 본 그것들에 의미를 부여할 수는 없다.

문지방 위로 목수가 망치를 두드리는 소리가 이상하게도 가깝게 들린다. 오랫동안 침묵했다가 일정한 간격을 두고 불필요하게 두드리는 소리. 자동차 소음은 폭풍우가 몰아치는 날에 들리는 소리 같다. 목소리가 성대에서가 아니라 공중에서 쏟아져나온다. 저기 강물은 본질적으로 피곤하다.

우리가 느끼는 것은 지루함이 아니다. 우리가 느끼는 것은 고통이 아니다. 또다른 개성을 가지고 잠들고 싶은 욕망이다. 오른 월급을 가지고 잠들고 싶은 욕망이다. 우리에게 속한 다리를 움직여 땅을 밟게 하고, 신발 속에서 느껴지는 발을 마지못해 움직이도록 하는 평범한 메커니즘이 아니라면, 우리는 아무것도 느끼지 못할 것이다. 어쩌면 우리는 그것조차 느끼지 못할 것이다. 머리 안쪽에서 눈 주위로 당기는 느낌이 든다. 마치 손가락으로 귓속을 파는 것 같다.

마음에 감기가 든 것 같다. 병에 걸렸다는 문학적인 이미지를 통해서 인생이 평화로운 회복기였으면 하는 바람이 생긴다. 회복을 생각하니 도시 외곽에 있는 시골집이 떠오른다. 그러나 집이 있는 그곳의 내부는 도로와 자동차 바퀴와 거리가 멀다. 그렇다. 우리는 아무것도 듣지 못한다. 잠을 자는 동안 육신에 다른 행동을 지시할 수 없으니 우리가 들어가야 할 문을 의식적으로 넘어가보자. 모든 것을 뛰어넘어보자. 잠을 자는 곰 인형아, 너의 작은 탬버린은 어디에 있니?

바다 냄새가 이제 막 시작된 무엇인가처럼 연약하고 불쾌한 산들바람에 실려와 가볍게 타구스 강 위로 퍼졌고, 바이샤 지구의 앞쪽 주택에 얼룩을 남기며 흩어졌다. 냉랭하게 미동도 하지 않는, 따뜻한 바닷물을 만나면 바람은 구역질하듯이 소금기를 새롭게 토해내곤 했다. 나는 위장에서 인생을 감지했고, 나에게 후각은 눈을 뒤쫓는 어떤 것이 되었다. 높이 드문드문 떠 있는 새털구름이 거뭇한 흰색으로 흩어지는 잿빛 허공 위에 자리를 잡았다. 소심한 하늘은, 소리도 없이 오로지 공기로만 드러나는 폭풍우가 위협하듯이 대기를 위협하고 있었다. 갈매기의 얼굴에도 폭풍 직전의 고요함이 있었다. 갈매기들은 누군가 풀어놓은 듯했고, 공기보다 더 가벼워 보였다. 무거운 것은 아무것도 없었다. 저녁이 우리의 불안함 속으로 서서히 내려왔고, 공기는 간간이 상쾌해지곤 했다.

내게 주어진 인생에서 나는 초라한 희망을 품었다. 그 희망은 지금 이 시간과 이 공기처럼 버려진 안개이고, 빗나간 폭풍우에 자극을 받은 부적절한 시도와 같다. 나는 이런 풍경과 사색을 끝내기 위해서 고함을 지를까 두렵다. 그러나 나의 선한 의식에는 바다의 소금기가 배어 있다. 낮은 조류는 저기 밖에 있는 끈적끈적한 진흙을 내 안에 노출시켰다. 나는 그것을 보지 못하고 냄새를 통해서만 감지할 뿐이다.

나의 욕구가 충족되기를 바라는 것은 얼마나 비논리적인가! 가상의 감각은 얼마나 냉소적인 의식인가! 후각과 의식이 나의 인생을 괴롭힌다고 말하기 위해서, 그러나 「욥기」의 널리 알려진 간단한 문장, "나의 영혼이 나의 인생에 지치다니!"처럼 말하지 않기 위해, 영혼은 감각을 통해, 생각은 공기와 강을 통해 어떤 계략을 꾸미는가.

36(170)
오, 별들이 빛으로 가장하는 밤이여, 우주의 부피와 맞먹는 유일한 것, 밤이여, 나의 육신과 영혼이 당신 몸의 일부가 되게 해주소서. 내가 순수한 어둠과 마찬가지라는 사실에, 내 안에 별들이 있으리라는 꿈도, 미래를 통해서 빛나기를 바라는 태양도 없이 나 또한 밤이 된다는 사실에 몰입하게 하소서.

37(130) 1931. 4. 11
누군가 괴물의 표본을 그리고 싶다면, 잠을 이루지 못하는 졸린 영혼에게 밤이 가져다주는 그런 것들을 사진을 찍듯 말로 표현하는 수밖에 별 도리가 없을 것이다. 잠을 자고 있다는 은밀한 핑계가 없으면 이런 것들은 꿈처럼 일관성이 없다. 그것들은 수동적인 영혼에 박쥐처럼 매달리거나 뱀파이어처럼 복종의 피를 빨아먹는다. 그것들은 추락과 낭비로 자랄 유충이며, 계곡을 가득 채우는 그늘이고, 운명에 남는 흔적이다. 때때로 그것들은 그것들을 돌보고, 창조하는 동일한 의식에게 구역질을 일으키는 벌레 같기도 하다. 또다른 때에 그것들은 유령 같아서, 사악하게 허공에 출몰하며, 또다른 때는 잃어버린 감정의 어리석은 동굴에서 뱀처럼 모습을 드러내기도 한다. 그것들은 거짓 균형을 유지하는 배의 바닥짐 같아서 우리를 쓸모없는 존재로 만드는 것이 유일한 목적이다. 그것들은 저 깊은 곳에서 나오는 의심이나 마찬가지이며, 마음속에 납작 엎드려서 나른하고 냉담한 주름을 잡아당긴다. 그것들이 나타나는 시간은 연기처럼 짧고, 지나가는 발자국과 같으며, 우리는 우리가 가진 의식의 척박한 토양에서 그것들이 존재했다는 것을 알아차릴 뿐이다. 어떤 것들은 폭죽을 숨기고 있었다는 듯이 꿈을 꾸는 동안 한순간에 불꽃으로 타오르기도 한다. 그리고 나머지는 의식에 대한 무의식이며, 우리는 이 무의식을 통해서 폭죽을 본 것이었다.

영혼은 풀린 매듭처럼 그 자체로 존재하지 못한다. 위대한 풍경은 내일을 위해서 존재하고, 우리는 이미 내일을 살았다. 대화의 중단은 잘못된 것이다. 인생이 그렇게 되리라고 누가 말한 적이 있었던가?

나를 찾은 순간 나는 나를 잃고, 뭔가를 믿으면 의심하고, 얻은 것이 있어도 소유하지 못한다. 나는 마치 산책을 하듯이 잠을 자지만, 깨어 있다. 나는 잠을 자듯 깨어 있다. 그러나 나는 내게 속해 있지 않다. 결국 인생은 그 자체로 거대한 불면증이며, 우리가 생각하고 행동한 모든 것에는 불현듯 명료하게 잠을 깨우는 것이 있다.

잠을 잘 수만 있다면 나는 행복할 것이다. 내가 지금 그렇게 생각하는 것은, 내가 잠을 이루지 못하기 때문이다. 밤은 내가 꿈을 꾸는 것에 대해서 입을 다무는, 질식할 듯이 누르는 이불의 막대한 무게이다. 나의 마음은 소화불량에 걸렸다.

　모든 것이 지나간 뒤, 늘 그렇듯이 또 하루가 밝을 것이다. 그러나 늘 그렇듯이 그때는 늦을 것이다. 잠자는 모든 것은 행복하다. 그러나 나는 아니다. 감히 잠을 자지 않고도 나는 휴식을 조금 취한다. 상상 속 괴물들의 머리가 나라는 사람의 심연에서 뒤엉켜 나타난다. 그것들은 심연에서 나온 동양의 괴물들이다. 괴물의 혀는 부조리하게 붉은색이고, 생명이 없는 괴물의 눈은 지나간 나의 인생을 바라보지만, 나의 인생은 괴물의 눈을 쳐다보지 않는다.

　덮어주오, 제발, 덮어주오! 나의 무의식과 나의 인생을 완벽히 채워주오! 다행히 덧문이 활짝 열린 차가운 창문을 통해서 한 줄기 여리고 슬픈 빛이 들어와 수평선부터 드리운 그림자를 산산이 부수기 시작한다. 다행히도 하루가 시작되려고 한다. 불안 때문에 피곤한 나의 마음도 거의 안정된다. 부조리하게도 수탉이 도시 한가운데서 꼬끼오 하고 운다. 어슴푸레한 하루가 시작되지만, 나는 여전히 몽롱한 잠에 빠져 있다. 언젠가는 잠을 자리. 들려오는 바퀴소리는 마차의 것이다. 나의 눈꺼풀은 잠을 자고 있으나, 나는 잠을 이루지 못하고 있다. 결국 그 모든 것이 운명이다.

38(152) 1931. 7. 2

우리가 잠을 설치고 나면 아무도 우리를 좋아하지 않는다. 잠은 달아날 때, 우리를 인간적으로 만드는 무엇인가를 가지고 가버렸다. 우리를 둘러싼 인위적인 공기 속에서조차 우리에게 적대적인 은밀한 불쾌감이 배어 있는 듯하다. 사실 우리는 우리 자신을 버렸으며, 우리와 우리 사이에는 냉전의 전술이 세워진다.

오늘 나는 나의 다리와 이 거대한 피곤을 이끌고 거리를 돌아다녔다. 나의 영혼은 뒤엉킨 실타래로 전락하고 만다. 현재의 나와 과거의 나는, 나는 무엇일까, 자신의 이름을 망각했다. 만약 나에게 내일이 있다면, 나는 잠을 자지 않았다는 것만을, 그리고 이따금 여러 번 개입하는 혼란이 나의 내면의 대화에 거대한 침묵을 제공했다는 것만을 알 뿐이다.

아, 타인들이 드나드는 거대한 공원이여, 수많은 사람들에게 익숙한 정원이여, 나를 절대 알 리 없을 사람들이 거니는 경이로운 가로수 길이여! 나는 밤에 깨어 있을 때마다 감히 단 한번도 넘쳐난 적이 없던 사람처럼 단조로운 생활을 한다. 그리하여 끝나가는 꿈처럼 나의 명상은 움츠러든다.

나는 수도원처럼 자기 자신 속에 틀어박힌, 과부가 혼자 사는 집이어서, 소심한 유령들이 남몰래 들어와 살고 있다. 내가 항상 그 옆방에 있거나, 그들이 그곳에 있기도 한다. 옆에서는 나무들이 살랑살랑 스치는 소리가 크게 들려온다. 나는 길을 잃고 방황하다가 길을 찾는다. 나는 길을 잃기 때문에 길을 찾는다. 나의 유년 시절이여, 너도 앞치마를 걸쳤구나!

이 모든 것의 한가운데로 난 길을 나는 나뭇잎처럼 방황하며 게으르게 걸어간다. 한 줄기 부드러운 바람이 불어 나를 땅에서 쓸어버리자, 나는 저물어가는 황혼처럼 여러 가지 풍경을 지나며 방황한다. 다리를 끌며 걷는 동안 눈꺼풀이 나를 짓누른다. 나는 걷고 있기 때문에 잠들고 싶다. 입술이 서로 달라붙어버린 듯이 나는 입을 꾹 다문다. 나의 방랑 생활은 실패로 끝난다.

그렇다. 나는 잠을 자지 않았다. 그러나 내가 잠을 자지 않았고, 지금도 잠을 자지 않는다면, 나는 이렇게 더 잘 지낼 것이다. 나는 나 자신을 속이는 반쪽짜리 영혼의 상태를 이렇듯 우연히 드러내는 영원한 순간에 진정한 나 자신이 된다. 어떤 사람들은 마치 나를 알고 있으면서도 나를 알아보지 못하는 것처럼 나를 바라본다. 눈꺼풀이 스치면서 밑으로 눈구멍이 감지되는데, 나 또한 그 눈구멍으로 그들을 바라보는 것을 느낀다. 그러나 눈을 떠서 세상이 존재한다는 사실에 대해서는 알고 싶지 않다.

나는 졸리다. 너무 졸리다. 모든 것이 졸리다!

39(61)

그것은 처음에는 하나의 소음으로 시작하여, 사물들의 어두운 구덩이 속에서 또다른 소음을 만들어낸다. 이윽고 그것은 불확실한 고함소리가 되고, 그 소리와 더불어 도로 표지판이 삐걱거리며 흔들린다. 그리하여 공간의 맑은 소리가 갑자기 커지자, 모든 것이 떨리다가 멈춘다. 그리고 지나갔을 때에만 […] 느껴지는 나른한 두려움과 이 모든 것에 대한 두려움 속에는 침묵이 있다.

  나중에는 바람밖에 없다. 바람뿐이다. 나는 졸리다. 고정된 문이 흔들리고, 창문이 바람을 맞을 때 덜컹덜컹 유리가 흔들리는 소리를 나는 알아차린다.

  나는 잠들지 못한다. 나는 반쪽짜리로 존재한다.

  나의 의식 속에는 자취가 남아 있다. 잠은 나를 압박한다. 무의식은 나를 압박하지 않지만……나는 존재하지 않는다. 바람……나는 잠에서 깨어나 다시 잠든다. 나는 아직 잠을 자지 않았다. 불쾌한 고성(高聲)에서 하나의 풍경이 나타나고, 그 풍경이 지나면 나는 나 자신을 인식하지 못한다. 나는 잘 수 있다는 가망을 남몰래 맛본다. 실제로 나는 잠을 자고 있지만, 잠을 자고 있는 것인지 모르겠다. 우리가 생각하는 것에는 소음이 있다. 마지막 순간에는 항상 소음이, 어둠을 가로지르는 바람이 있다. 내가 또다시 귀를 기울이면, 심장과 맥박 소리까지 들린다.

40(49)

내 비록 다른 덕성을 갖추지는 못했어도 그나마 하나의 덕성이 있는데, 바로 늘 새롭고 자유로운 감각이 그것이다.

  오늘 알마다 거리를 걷는 동안 나는 앞에서 걷고 있는 사내의 어깨를 관찰하기 시작했다. 평범한 사내의 평범한 어깨였고, 우연히 지나가는 행인이 걸친 수수한 양복 재킷이었다. 왼쪽 어깨에 낡은 가방을 멘 사내는 접은 우산을 오른손으로 지팡이처럼 짚고 땅을 탁탁 때리며 걷고 있었다.

불현듯 나는 그 사내에게 친밀감 비슷한 감정을 느꼈다. 내가 사내에게 느꼈던 친밀감은 보통 인간의 평범함에 대하여, 일하러 가는 가장의 회색빛 일상에 대하여, 초라하면서도 유쾌한 그의 가정에 대하여, 희망 없는 인생의 즐거우면서도 슬픈 기쁨에 대하여, 사물에 대하여 머리를 쥐어짜며 생각하지 않고 사는 사람의 순진함에 대하여, 양복 입은 저 어깨의 동물적인 천진함에 대하여 흔히 느끼는 것이다.

나는 사내의 등을 응시했다. 그의 등은 내가 이런 생각을 비춰볼 수 있는 유리창이었다.

누군가 잠을 자고 있는 사람이 앞에 있을 때 우리의 마음속에서 올라오는 것과 감각은 동일하다. 잠을 자는 모든 피조물은 다시 아이가 된다. 잠을 자는 동안에는 나쁜 짓을 할 수 없고, 자연의 마법을 통해서만 인생을 깨닫기 때문일 터이다. 최악의 범죄자나 고집불통도 잠을 자는 동안에는 성자가 된다. 그러니 아이를 살해하는 것과 잠을 자는 사람을 살해하는 것은 별 차이가 없을 듯싶다.

이 사내의 등은 잠을 자고 있다. 앞에서 나와 발을 맞추어 걷고 있는 사내의 모든 것이 잠을 자고 있다. 그는 무의식적으로 걷고 있다. 그는 무의식적으로 살고 있다. 우리 모두가 잠을 자기 때문에 그도 잠을 잔다. 일생이 잠이다. 아무도 자신이 하고 있는 것을 알지 못하고, 아무도 자신이 원하는 것을 알지 못하며, 아무도 자신이 알고 있는 것을 알지 못한다. 우리 잠을 자면서 인생을 보내자, 운명의 영원한 어린아이들이여. 그러므로 내가 이와 같은 감각으로 생각한다면, 나는 모든 어린 인류에 대하여, 잠든 사람들의 모든 사회생활에 대하여, 모두에 대하여, 모든 것에 대하여 형체 없는 무한한 사랑을 느낄 것이다.

이 순간 내가 느끼는 것은 논문을 참고하거나 이상을 추구하는 것이 아닌 순수한 박애주의이다. 신의 눈길에 담긴 애정인 것이다. 유일하게 의식을 가진 존재의 연민을 통해서 나는 모두를, 이 불쌍한 사람들을, 이 불쌍한 인류를 바라본다. 하지만 그것이 다 무슨 의미가 있을까?

태초에 생명이 호흡할 때부터 도시를 건설하고 제국의 국경선을 가르는 순간까지도 인간의 모든 행동과 인생의 목적은 잠인 것 같다. 꿈과 같은 어떤 것 같다. 아니, 하나의 현실과 그 다음 현실 간의, 절대자의 어느 하루와 그 다음 날 사이에 무의식적으로 생기는 휴식시간 같다. 그리하여 관념적으로는 모성이 강한 어떤 사람처럼 나는 밤에 나란히 잠을 공유하는 선한 자식과 악한 자식에게 몸을 구부린다. 이 잠을 통해서 이들은 내 것이 된다. 나는 끝없이 넓은 감동을 맛본다.

나는 앞에서 걷는 사내의 등에서 시선을 거둔다. 이 거리에서 걷고 있는 모든 사람들을 바라보면서 나는 앞에서 무심코 걷고 있는 사내의 등을 보고 느꼈던 부조리하면서도 냉정한 친밀감을 똑같이 느끼며 순수한 마음으로 그들을 포용한다. 사내는 이 사람들과 마찬가지이다. 요컨대 사내는 작업실에서 수다를 떨고 있는 이 아가씨들이고, 사무실 창 밑에서 웃고 있는 젊은 사무원들이고, 무거운 장바구니를 들고 돌아오는 풍만한 몸매의 하녀들이고, 첫 번째 심부름을 하러 가고 있는 이 소년들이다. 그 모든 것은 보이지 않는 존재의 손가락에 연결된 줄로 움직이는 꼭두각시처럼 서로 명확히 다른 몸과 얼굴을 하고 있는 똑같은 무의식인 것이다. 그들이 걸으면서 보이는 모든 태도에서 의식이 나타난다. 그들은 의식하고 있다는 의식이 없기 때문에 아무것도 의식하지 않는다. 똑똑한 사람들이나 바보들이나 모두 똑같이 멍청하다. 노인들이나 젊은이들이나 나이는 모두 같다. 남자들이나 여자들이나 모두 존재하지 않는 동일한 성(性)에 속해 있다.

41(50)
이런 날들이 있다. 내가 만나는 모든 사람들, 게다가 나와 일상생활을 억지로 공유해야 하는 익숙한 사람들이 홀로 떨어져 있든 그들끼리 연결되어 있든 간에 상징적인 의미를 가지는 날들이 말이다. 그들은 예언적인 혹은 신비로운 문장이 되어 나의 인생을 우울하게 기술하고 있다. 나한테 사무실은 사람들이 단어가 되어 기술되는 한 페이지이다. 거리는 책이고, 모르는 사람이든 아는 사람이든 내가 만나는 사람들과 나눈 말은 표현이 된다. 이 표현이 사전에 나와 있지는 않지만, 나도 완벽하게 이해할 수 있는 것은 아니다. 그들은 이야기를 하고, 자신을 표현한다. 그러나 그들은 그들 자신에 대해서 말하지 않고, 그들 자신을 표현하지도 않는다. 앞에서 말한 것처럼 그들은 말[言]이지만, 직접 말하는 것이 아니라 단지 그들을 통해서 드러나는 의미를 이해하도록 한다. 그러나 시력이 흐릿한 나는 사물의 표면 위에 나타나는 유리창이 내부에서 무심코 드러내는 것을 단지 어렴풋이 구분할 뿐인데, 이 유리창은 그 내부를 보호하는 동시에 보여준다. 색에 대한 이야기를 듣는 맹인처럼 나는 의식하지 못한 채 이해한다.

때때로 거리를 지나는 동안 나는 사람들이 마음에 간직한 이야기를 언뜻 들을 때가 있다. 대개 다른 여자나 다른 남자, 누구의 애인이나 다른 사람의 연인 […] 에 대한 이야기이다.

사람들의 이와 같은 은밀한 이야기의 일부를 듣는다는 사실 때문에, 결국 대부분의 의식적인 생활은 모두 이런 대화로 이루어지지만, 나는 내심 지루한 불쾌감을 느낀다. 또한 거미들 사이로 추방된 듯이 괴로운 마음으로, 다른 사람들 사이에서 얼마나 굴욕감을 느끼고 있는지 즉시 깨닫게 된다. 나는 집주인 앞에서 빽빽한 건물에 사는 다른 세입자들과 비슷한 선고를 받는다. 빗장을 지른 가게 뒤에서, 비가 내릴 때 내 인생의 안뜰에 쌓이는 타인의 쓰레기를 역겨운 마음으로 감시하라는 선고를 받는다.

42(165) 1932. 3. 16

마지막으로 글을 쓴 지 몇 달이 지났다. 나의 지성은 잠을 자고 있었고, 그 덕에 나는 마치 타인처럼 살았다. 나는 종종 남의 행복을 대신 누리고 있는 것 같았다. 나는 존재하지 않았고, 나는 타인이었으며, 나는 생각 없이 살았다.

오늘 갑자기 나는 나로, 내가 꿈꾸는 나로 돌아왔다. 특별히 중요할 것도 없는 일을 끝내고 나니 나는 무척 피곤했다. 나는 경사진 높은 책상에 팔꿈치를 대고 양손으로 턱을 괴고 있었다. 그리고 눈을 감으니 마음이 편했다.

서먹한 헛된 꿈을 꾸는 동안 나는 과거의 나 자신을 모두 기억했다. 불현듯 실제 풍경을 앞에서 보는 것처럼 낡은 농가의 넓은 담이 나타나더니, 그 환영의 한가운데에 텅 빈 허공이 보였다.

나는 곧 인생의 덧없음을 느꼈다. 보고, 느끼고, 기억하고, 망각하기. 이 모든 것이 한데 뒤섞여 도로의 불확실한 중얼거림 및 조용한 사무실에서 착실하게 일하는 사소한 소음과 더불어 팔꿈치의 가벼운 통증이 되었다.

경사진 책상에 양손을 다시 올리고 죽은 세상으로 가득한 피곤한 눈으로 주위를 둘러보았을 때, 내 눈이 처음 본 것은 잉크병 위에 앉은 커다란 금파리였다(작게 윙윙거리는 소리는 사무실에서 나는 소리가 아니었던 것이다). 나는 맥없이 깨어나 심연의 밑바닥에서 그것을 응시했다. 짙은 남빛이 도는 푸른 색조가 역겹기는 하지만 추하지 않은 빛을 내고 있었다. 그것은 생명이었다!

알 수 없는 궁극의 힘(진실—우리는 이 진실의 그림자 안에서 방황한다—을 말하는 신이나 혹은 악마의 힘)을 통해서라면 나 또한 순간적으로 파리들 앞에 서 있는 반들반들 빛나는 파리가 아닐까? 간편한 사고일까? 이미 진부한 관찰일까? 경솔한 철학일까? 그럴지도 모른다. 하지만 나는 생각하지 않았다. 나는 그것을 느꼈다. 나는 몸소 육감을 통해서 몹시 두려움을 느끼며 […] 이런 우스운 비교를 했다. 파리를 느낀다고 생각했을 때 나는 파리가 되었다. 내가 파리의 영혼이 된 것 같았고, 파리처럼 잠을 잤으며, 파리처럼 내 속에 갇혀 있다고 느꼈다. 그리고 가장 두려웠던 것은 그와 동시에 나 자신을 느낀 것이었다. 나를 때려잡기 위해서 궁극의 신이 파리채를 철썩하고 내려치지 않을까 하는 마음에 나는 무심코 천정을 올려다보았다. 내가 파리채로 저 파리를 때려잡을 수 있는 것처럼 말이다. 다시 파리를 내려다보았을 때, 다행히 파리는 소리 없이 사라지고 없었다. 사무실은 자신의 의지와는 상관없이 다시 철학을 잃었다.

43(168) 1932. 6. 11

더위가 지나가고 처음에는 가볍게 점을 찍듯이 내리던 빗방울이 자신들의 소리를 들을 수 있을 정도로 무거운 빗줄기가 되었을 때부터 더운 공기에는 없는 고요함이, 비올 때 부는 미풍 속에 깃든 새로운 평화가 대기에 남았다.

  폭풍우도 없고, 어두운 하늘도 없는 이 감미로운 빗줄기가 주는 유쾌함이 너무나 확실해서 우산이나 우비가 없는 사람들도(거리의 거의 모든 사람들이 그렇다) 빛나는 거리를 따라 빠르게 걸으면서 웃고 이야기를 나누고 있었다.

잠시 짬이 나자 나는 열린(더워서 열어두었지만, 비가 와도 닫지 않았다) 창가로 다가가서, 평소처럼 강렬하면서도 무심한 마음으로 방금 기술했던 바로 그 장면을 응시했다. 정말 저쪽에서 평범한 사내 두 명이 저물어가는 맑고 깨끗한 오후에 빠르지만 성급하지 않은 걸음으로 비를 맞으면서 이야기를 나누고 있었고, 웃고 있었다.

그런데 갑자기 모퉁이에서 놀라운 사실이 기다리고 있었다. 가난하지만 초라해 보이지 않는, 수수한 차림의 노인이 더욱 가늘어진 빗줄기를 맞으며 성마르게 걷고 있었다. 목적지가 없는 것이 틀림없는 그 노인에게는 적어도 초조함은 있었다. 나는 평범한 사물을 보듯이 무관심한 시선이 아니라 상징을 해독할 때처럼 분명한 관심을 보이며 노인을 쳐다보았다. 노인은 아무것도 아닌 사람을 상징했다. 그렇기 때문에 그는 서둘렀던 것이다. 그는 아무것도 아니었던 사람을 상징했다. 그렇기 때문에 그는 고통스러웠다. 그는 비가 주는 불편한 유쾌함을 웃으면서 감지하는 자들에 속하지 않고 비 그 자체에 속했다. 너무나 무의식적인 존재인지라 현실을 느꼈던 것이다.

그러나 내가 말하고자 한 것은 이것이 아니었다. 행인을 관찰했다가(이윽고 그를 바라보지 않았기 때문에 그를 시야에서 놓쳤다), 이렇듯 관찰한 것을 결합하는 사이에 불가사의하게도 잠시 방심하는 마음이, 관찰을 계속할 수 없게 하는 영혼의 위기감이 끼어들었다. 이렇듯 방심한 마음 깊은 곳에서 나는 사무실 끝—그곳에 창고가 있다—에서 두런두런 이야기를 나누는 창고 관리인들의 대화를 듣지도 않고 듣는다. 그리고 창가—농담하는 사람들의 목소리와 짤깍짤깍 가위질 소리가 뒤섞여 들리는 안뜰로 창이 나 있다—의 탁자 위에서 질긴 검은 종이로 포장한 상자를 두 번 감아서 풀매듭으로 묶은 소포용 끈을 보지 않고 본다.

우리는 이미 본 것만을 볼 수 있을 뿐이다.

44(167) 1933. 11. 2

어떤 뿌리 깊은 고통도 본질적으로 미묘하고 모호하기 때문에 영혼에 속하는지 혹은 육신에 속하는지, 인생의 무익함을 경г 한다는 사실로 인한 막연한 불안감인지 혹은 위, 간, 두뇌와 같은 우리 몸속의 심연에 근거한 우환(憂患)인지 우리는 구별할 수가 없다. 마음이 불안하게 착 가라앉았을 때 그 속의 검은 침전물 때문에 나 자신의 저속한 의식이 얼마나 자주 흐려지는지! 구역질이 나는데 그것이 권태인지, 실제로 몸이 좋지 않아서 그런 구토 증세가 있는 것인지 구별할 수 없을 정도로 막연한 구역질을 느끼며 존재하는 것이 내게 얼마나 자주 고통을 주는지! 얼마나 자주…….

오늘 나의 영혼은 뼛속까지 슬프다. 기억과 눈, 두 팔 등 나의 모든 것이 내게 고통을 준다. 내가 존재하는 모든 것에는 일종의 류머티즘 같은 것이 있다. 하루의 밝은 햇빛과, 푸르디푸른 넓은 하늘과, 움직일 수 없는 높은 조류처럼 널리 퍼지는 빛은 나의 존재에 어떤 영향도 미치지 못한다. 마치 여름이 물러가지 않은 듯이, 아직도 무더운 기운을 품고 있는 상쾌한 가을바람에도 나는 전혀 마음이 흔들리지 않는다. 내게는 모든 것이 무의미하다. 나는 슬프다. 그러나 명확하게 슬픈 것은 아니고, 더구나 애매하게 슬픈 것도 아니다. 나의 슬픔은 저기 바깥에, 상자를 쌓아둔 거리에 있다.

지금 내가 쓰고 있는 글도 내가 느끼는 것을 정확히 전달하지는 못한다. 누군가의 느낌을 정확하게 전달할 수 있는 것은 아무것도 없기 때문이다. 그러나 나는 내가 느끼는 것을 어떤 식으로든 알리고자 한다. 한데 뒤섞인 다양한 종류의 나와 바깥의 거리를 말이다. 바깥의 거리 역시 내가 그것을 보기 때문에 분석할 수 없는 은밀한 방식으로 내게 속하며, 나의 일부가 된다.

나는 먼 나라에 가서 다르게 살고 싶다. 알 수 없는 깃발 아래에서 다른 사람으로 죽고 싶다. 단지 오늘의 시대가 아니기 때문에 오늘보다 더 좋은, 알 수 없는 스핑크스들 사이에서 희미한 색채로 빛나는 다른 시대로 가서 황제로 환대를 받고 싶다. 나의 존재를 비웃을 수 있는 모든 것을 나는 원한다. 왜냐하면 나의 존재가 우습기 때문이다. 내가 바라는 것은……내가 바라는 것은……그러나 햇빛이 반짝이는 곳에는 늘 해가 있고, 밤이 되면 늘 밤이 있다. 슬픔으로 우리가 고통 받을 때 항상 슬픔이 있고, 꿈이 우리를 보듬어줄 때는 늘 꿈이 있다. 존재하는 것은 항상 존재하기 마련이며, 존재해야 할 것은 결코 존재하지 않는다. 그것이 더 좋기 때문이거나 혹은 그것이 더 나쁘기 때문이 아니라, 그것이 다르기 때문이다. 늘 존재하는 것……

　상자가 가득 쌓인 도로에 짐꾼들이 일을 하고 있다. 웃고 농담을 하면서 그들은 짐수레에 상자를 하나씩 싣고 있다. 사무실 창문을 통해서 나는 축 늘어진 눈꺼풀 속의 나른한 눈으로 그들을 내려다보고 있다. 이해할 수 없는 미묘한 어떤 것이 지금 내가 보고 있는 운반 작업과 지금 내가 느끼는 것을 결합하고 있다. 알 수 없는 감각이 이 모든 나의 권태를, 혹은 고통이나 구토를 하나의 상자로 변형시키더니, 떠들썩하게 농담을 하는 사내의 어깨 위로 들어올려 존재하지 않는 수레에 싣는다. 그리고 늘 그렇듯이 청명한 햇빛이 비좁은 도로를 따라 내려, 인부들이 상자를 들어올리고 있는 장소를 비스듬히 비추고 있다. 그늘에 있는 상자가 아니라, 인부들이 아무것도 아닌 일을 닥치는 대로 하고 있는 도로 끝, 아래쪽 모퉁이를 말이다.

45(99)

모두 잠을 자기 때문에 텅 비어버린, 빈 집의 깊숙한 안쪽에서 새벽 4시를 알리는 맑은 시계 종소리가 천천히 네 번 울린다. 나는 아직도 잠들지 못했으며, 잠들기를 기대하지도 않는다. 나의 관심을 끌 만한 것도, 나를 잠 못 들게 하는 것도 아무것도 없지만, 혹은 내가 쉴 수 없도록 내 몸을 압박하는 것도 없지만, 나는 거리의 희미한 달빛 때문에 더욱 외로운 어둠 속으로 나의 낯선 육신의 나른한 침묵을 펼쳐놓는다. 쏟아지는 잠 때문에 나는 생각조차 할 수가 없다. 도달할 수 없는 잠 때문에 나는 심지어 감각할 수도 없다.

내 주변의 모든 것은 밤을 거부하면서 관념적으로 만들어낸 적나라한 우주이다. 피곤한 나와 불안한 나로 쪼개진 나는 육감(肉感)으로 사물의 신비에 대해서 형이상학적인 인식의 표면에 도달한다. 때때로 나의 영혼이 온화해지면, 일상생활의 형체 없는 사소한 일들이 나의 의식의 표면에서 표류하게 되고, 나는 잠을 이루지 못하고 둥둥 떠다니며 대차대조표를 그린다. 다른 경우에는 활기 없이 누워 반수면 상태의 안으로부터 깨어나면, 우연한 시적 색채를 띤 모호한 이미지가 소리 없는 자신의 광경을 나의 무관심 위로 미끄러지게 한다. 나의 두 눈이 완전히 감기지 않은 상태이다. 나의 지친 시선이 멀리서 다가오는 빛과 교차된다. 도로의 한적한 길에 켜놓은 가로등 불빛이다.

끝내자, 잠이나 자자, 이렇게 중단된 나의 의식을 더욱 우울한 것으로, 나를 알지 못하는 이방인에게 은밀히 속삭이는 말로 대신하자! 끝내자, 진정 잠을 이룰 수 있는 밤에만 보이는 해안선을 따라 대양의 썰물과 밀물처럼 유유히 흘러가자! 끝내자, 무명(無名)의 방관자가 되자, 머나먼 가로수 길에 흔들리는 나뭇가지, 소리가 아니라 떨어지는 모습을 보고 감지할 수 있는 떨어지는 나뭇잎, 멀리서 솟아나 감지하기 어려운 샘물이 되자. 끝없이 복잡한 곳에서 길을 잃는 밤의 정원의 불확실한 모든 것이, 어둠 속 자연 그대로의 미궁이 되자! 끝내자, 이제는 그만두자. 허나 책의 마지막 페이지라도 되어 다른 모습으로 살아남자, 풀어헤친 머리카락 한 줌이, 반쯤 닫힌 창가에서 흔들리는 덩굴 식물이, 곡선도로에 깔린 자잘한 자갈들을 무심하게 밟는 발자국이, 잠든 마을 위로 높이 올라가는 마지막 연기가, 이른 아침 길을 가다가 멈춘 짐 마차꾼의 한가한 채찍이 되자. ……어리석음, 혼란, 소멸, 그중 어떤 것도 인생은 아니리라…….

나는 추측이 계속 확장되는 이 인생에서 나름의 방식으로 잠도 휴식도 없이 잠을 잔다. 나의 불안한 눈꺼풀 밑에는 더러운 바다의 조용한 물거품처럼 저 아래 가로등이 비추는 아득히 먼 미광이 소리 없이 떠돌고 있다.

나는 잠을 자면서도 반쯤 깨어 있다.

내가 누워 있는 곳 너머, 내가 미치지 않는 곳에서 침묵에 빠진 집은 영원과 접촉한다. 나는 시간이 방울방울 떨어지는 소리를 듣는다. 그러나 떨어지는 어떤 방울도 자신이 떨어지는 소리를 듣지 못한다. 나의 심장이 그의 모든 것 혹은 나의 모든 것에 대한 기억을, 무의 덩어리로 축소한 나의 기억을 물리적으로 압박한다. 나는 내 머리 때문에 움푹 꺼진 베개 위에 놓인 묵직한 나의 머리를 느낀다. 베갯잇에 닿는 것이 마치 어둠 속에서 표피를 접촉하는 것 같다. 내가 기대고 있는 귀조차 나의 머릿속에 아주 정확히 새겨진다. 내가 피곤해서 눈꺼풀을 깜박이자, 나의 속눈썹이 높은 베개의 예민한 흰색 위로 감지할 수 없을 정도로 미세한 소리를 발산한다. 나는 한숨을 쉬면서 호흡을 한다. 방금 있었던 나의 호흡은 나의 것이 아니다. 나는 느끼지도, 생각하지도 않고 고통스러워한다. 집 안 사물의 중심부에 확실하게 자리를 잡고 있는 시계가 무의미하고도 냉정하게 새벽 4시 반을 알리는 종을 친다. 모든 것이 얼마나 많은지! 모든 것이 얼마나 심오하고, 얼마나 어두운지, 또한 얼마나 차가운지!

내가 시간을 통과하고, 침묵을 통과하자, 형체 없는 세상이 내 옆을 지나간다.

불현듯 수탉 한 마리가 마치 신비에 쌓인 아이처럼 밤인 줄도 모르고 꼬끼오 하고 운다. 내게 아침이 왔으니 나는 잠을 잘 수 있다. 나는 나의 입술이 내 얼굴을 덮고 있는 부드러운 베갯잇을 가볍게 누르면서 미소를 짓는 것을 느낀다. 나는 내 인생에 굴복할 수 있고, 잠들 수 있고, 나를 잊을 수 있고…… 나를 어둡게 감싸는 새로운 잠을 통해서 나는 아까 울었던 수탉을 다시 생각한다. 아니, 그것이 아니라 그 닭이 두 번째 운 것이 틀림없다.

46(101) 1930. 5. 18

산다는 것은 타인이 되는 일이다. 어제 느낀 것처럼 오늘 느낀다면 느끼는 것도 불가능하다. 요컨대 어제 느낀 것처럼 오늘도 느낀다면 그것은 느끼는 것이 아니다. 그것은 어제 느낀 것을 오늘 기억하는 것이며, 어제 잃어버린 인생을 오늘 사는 송장이나 마찬가지이다.

어느 하루에서 다음 날로 이어진 칠판에서 모든 것을 지우는 것, 영원히 새롭고 순결한 감정 상태에서 날마다 새롭게 시작하는 새벽에 새 사람이 되는 것. 이것만이 될 만한 가치가 있고, 또한 가질 만한 가치가 있다. 우리가 불완전한 존재가 되기 위해서 혹은 그렇게 존재하는 우리를 소유하기 위해서 말이다.

이 새벽은 세상에 존재했던 첫 새벽이다. 노란색을 통해서 뜨거운 흰색으로 변하는 이 분홍빛은 결코 주택가의 서쪽 방면에 머문 적이 없었다. 그리고 유리창이 꼭 눈처럼 보이는 주택가는 점점 밝아오는 햇빛과 더불어 침묵하고 있다. 이 시간이나 이 여명 혹은 나의 존재도 전에는 결코 없었다. 내일이 되는 것은 또다른 것일 터이다. 내가 보게 될 것도 새로운 광경을 가득 채운 다른 눈을 통해서 보일 것이다.

도시의 높은 산이여! 가파른 언덕을 딛고 그 위로 솟아오른 높은 건물들. 그림자와 섬광에서 나온 햇빛을 통해서 한데 뒤섞여 보이는, 여러 가지 모양의 덩어리처럼 몰려 있는 주택들. 바로 너희가 오늘이고, 바로 너희가 나이다. 왜냐하면 내가 너희를 보고 있기 때문이고, 너희가 바로 […] 이기 때문이다. 또한 배들이 서로 교차할 때, 배들이 지나간 흔적에서 미지의 향수를 느끼듯이 나는 뱃전에 몸을 기댄 채 너희를 사랑하기 때문이다.

47(102)
이 카페의 테라스에서 나는 떨리는 마음으로 인생을 바라본다.

나는 인생의 많은 것을 보지 못한다. 내 인생의 환한 작은 광장에 무질서하게 집결한 사람들만을 본다. 술에 취하기 시작할 때처럼 나의 권태가 사물의 영혼을 밝힌다. 나의 외부에서 행인들의 발소리를 따라 만장일치로 합의한 확실한 인생이 흘러간다.

바로 이 순간 나의 감각이 나른하게 활기를 잃자, 모든 것이 마치 다른 것처럼 보인다. 나의 감각은 너무나 복잡하면서도 명료하다. 나는 상상 속의 콘도르처럼 두 팔을 벌리지만 날지는 않는다.

이상을 추구하는 사람으로서 나의 가장 큰 열망은 이 카페의 탁자와 이 의자를 차지하고픈 열망을 뛰어넘지 않을 것이다.

모든 것은 재를 다시 휘젓는 것처럼 헛되고, 아직 새벽이 되지 않은 순간처럼 공허하다.

햇빛이 너무나 청명하고 너무나 완벽하게 사물 위로 쏟아지더니, 그것을 유쾌하면서도 슬픈 현실로 감싸다니! 세상의 모든 신비가 내 눈앞에서 이렇게 평범한 물건으로, 이 거리로 구체화되어 나타난다.

아, 일상의 사물들이 무슨 방법을 썼기에 우리는 신비로움과 접촉하는 것일까! 무슨 방법을 썼기에 그렇게 복잡한 인간 생활에서 햇빛이 스친 표면 위에, 신비의 입술 위에 시간은 모호한 미소를 꽃피우는 것일까! 그 모든 것이 얼마나 현대적으로 보이는지! 그와 동시에 모든 것에서 빛나는 것과 정말 다르다는 의미에서 얼마나 예스럽고 은밀한지!

48(103)

무의미한 사물이 얼마나 내게 고통을 줄 수 있는지 완벽하게 알고 있기 때문에 나는 무의미한 사물과의 접촉을 신중하게 피한다. 구름이 태양 앞을 지날 때 나처럼 고통을 느끼는 사람이 끝없이 잔뜩 구름이 낀 그의 인생의 하늘을 보고 어떻게 고통을 느끼지 않을 수 있을까?

나는 행복을 추구할 때 외로움을 느끼는 것이 아니다. 그리고 나는 행복에 도달할 힘도 없다. 길을 잃지 않을 때에만 얻게 되는 평화를 추구할 때 느끼는 것도 결코 아니다. 그것은 잠과 소멸과, 사소한 굴복을 추구하는 것이다.

간소한 내 방을 둘러싼 사방의 벽은 감옥인 동시에 먼 수평선이고, 침대인 동시에 관이다. 아무것도 생각하지 않고, 아무것도 원하지 않고, 또한 꿈도 꾸지 않는 것, 그때가 나의 가장 행복한 순간이다. 그리하여 조화처럼 무감각한 상태에 빠진 나는 삶의 표피에 자라나는 이끼에 불과하다. 나는 어리석게도 비통한 마음으로 내가 아무것도 아니라는 인식을 맛본다. 그것은 죽음과 소멸을 단지 미리 맛보는 것에 불과하다.

내게는 "스승"이라 부를 수 있는 사람이 아무도 없었다. 그리스도도 나를 위해서 죽지 않았다. 부처도 나에게 길을 가르쳐주지 않았다. 한참 꿈을 꿀 때 아폴로와 미네르바도 나의 영혼을 밝히기 위해서 나타난 적이 없었다.

49(104)
나는 인생을 제외하고는 더 이상 아무것도 견딜 수가 없다. 사무실, 집, 거리들(심지어는 그 정반대의 것도 마찬가지이다. 그것이 만약 있다면 말이다), 모든 것이 나를 억누르고 압박한다. 오직 전체만이 내게 위안을 준다. 그렇다. 이 전체 중에 아무것도 아닌 한 가지라도 충분히 나를 위로해준다. 무기력한 사무실 안으로 끝없이 들어오는 한 줄기 햇빛. 내 방 창문까지 빠르게 들어오는 신문팔이의 외침. 사람들이 존재한다는 것. 기후가 존재한다는 것. 날씨의 변화, 세계의 놀라운 객관성……

갑자기 그 햇빛이 나를 위해 안으로 들어왔고, 그러자 나는 갑자기 그것을 보았는데……그것은 단지 아주 날카로운 한 줄기 빛이었으며, 거의 무색에 가까웠는데, 그 빛줄기가 마치 적나라한 칼날처럼 검은 마루를 자르면서 낡은 못과 마루청 사이의 홈, 검은 줄이 쳐진 백색이 아닌 종이에 생기를 준다.

길다고 느낀 몇 분 동안 나는 조용한 사무실로 뚫고 들어오는 햇빛의 미세한 효과를 관찰했다. 감옥에서 오락을 하는 기분! 오직 죄수들만이 마치 개미를 흥미롭게 관찰하듯이, 움직이는 햇빛을 이런 식으로 바라본다.

50(105)
때때로 반딧불이는 자기의 뒤를 쫓는다. 주변이 온통 어두운 밤에 소음 없는 고요한 시골에서는 향기가 난다. 그 모든 것이 나를 고통스럽게 하고 내 마음을 짓누른다. 형체 없는 권태 때문에 나는 숨이 막힌다.

  나는 시골에 자주 가지 않는다. 나는 그곳에서 거의 하루를 보내거나 하룻밤을 보내지 않는다. 그러나 오늘 나는 친구를 방문했는데, 그가 자신의 초대에 대한 나의 거절을 허락하지 않았기 때문이다. 그래서 나는 큰 파티를 거추장스러워하는 소심한 사람처럼 이곳에 왔다. 나는 유쾌한 기분으로 이곳에 도착하여 신선한 공기와 넓은 풍경을 즐겼다. 나는 점심을 잘 먹고, 저녁식사도 잘 했으나, 지금 깊은 밤 전등도 켜지 않은 내 방에 있으니 이 낯선 장소가 내 마음을 불안으로 가득 채운다.

  내가 잠들 방의 창이 넓은 시골을 향해 나 있다. 모든 시골이기도 한 막연한 시골에서 별빛이 희미하게 반짝이는 거대한 밤에 나는 조용한 미풍을 느낀다. 창문 옆에 앉아서 나는 나의 감각으로 저기 밖에 있는 우주 만물의 삶의 무가치함을 생각한다. 시간은 모든 것을 볼 수 있는 투명성에서부터, 오래 전에 칠해서 금이 간 흰색 창턱의 페인트 때문에 다소 표면이 거칠거칠한 나무에 이르기까지 불안한 감각과 조화를 이룬다. 나는 창문이 열려 있는 창턱을 왼손으로 짚고 기대고 있다.

  나의 두 눈은 이런 평화를 얼마나 자주 원했던가! 그러나 나는 그것이 편안하고 품위가 있어도, 이제 그것으로부터 도망칠 것이다. (높은 집들 사이의 비좁은 거리에 서서) 평화와 평범함, 완전함이 자연 속에 있다고 나는 얼마나 자주 믿었던가! 그러나 도시에서 문명의 식탁보는 그 아래 식탁의 페인트칠한 목재를 망각하게 한다. 이제 이곳에서 건강하고, 몸에 나쁘지 않게 피곤하다고 느끼면서 나는 마음이 불안하고, 답답하며, 향수를 느낀다.

  문명이 다시 태어남을 의미하는 것은 오로지 나만의 일이 아니라 모든 사람의 일일 수도 있다. 그러나 나와 나처럼 느끼는 사람들은 인위적인 것이 자연스럽고, 자연스러운 것이 이상하다고 생각하는 듯하다. 그러나 그렇지 않다. 인위적인 것은 자연스럽지 않고, 자연스러운 것은 다른 것이 된다. 나는 자동차를 싫어해서 그것 없이 행복하게 지내고, 삶을 편리하게 해주는 과학 상품(전화와 전보)이나 그것을 즐길 수 있는 자들의 인생을 재미나게 해주는 환상의 부산물들(축음기와 라디오)을 싫어해서 그것 없이 지낼 수 있다.

  이것들 중 어느 것에도 나는 관심이 없고, 어떤 것도 원하지 않는다. 그러나 제방에 대도시를 끼고 있기 때문에 나는 타구스 강을 좋아한다. 바이샤 지구, 어느 도로에 위치한 건물 4층에서 하늘을 보기 때문에 나는 하늘을 즐긴다. 상 페드루 데 알칸타라 전망대나 그라사에서 보는, 달빛이 비치는 조용한 도시의 들쑥날쑥한 장관을 시골이나 자연은 내게 절대 보여주지 못한다. 어떤 꽃도 햇빛이 비치는 리스본의 끝없이 다채로운 색채를 내게 주지 못한다.

  옷을 입는 인종들만이 벗은 몸의 아름다움을 이해한다. 장애물의 가치가 에너지를 통해서 나타나듯이 소박함의 최고의 가치는 관능성을 통해서 나타난다. 인위적인 것은 자연스러운 것을 맛볼 수 있는 하나의 방법이다. 내가 이 넓은 들판을 보고 느낀 것은, 내가 그곳에서 살지 않기 때문에 느낀 것이다. 억압을 받고 살았던 사람만 자유를 이해한다. 문명은 자연을 교육하는 것이다. 인위적인 것은 자연스러운 것에 접근하기 위한 길인 셈이다. 그러나 인위적인 것을 자연스러운 것과 결코 혼동해서는 안 된다. 월등한 인간 영혼의 자연성은 자연스러운 것과 인위적인 것 사이의 조화에 있다.

51(39) 어깨를 으쓱하기

우리는 보통 모르는 것에 대해서 생각할 때, 우리가 알고 있는 개념의 특성을 부여한다. 죽음을 잠이라고 정의한다면, 그것은 죽음이 밖에서 보기에 잠자는 것처럼 보이기 때문이다. 우리가 잠을 새 생명이라고 부른다면, 그것이 생명과 다르게 보이기 때문이다. 현실에 대한 사소한 오해를 통해서 믿음과 희망을 가지듯이, 우리는 행복하려고 놀이를 하는 가난한 아이들처럼, 후식이라는 달콤한 과자를 먹는다.

그러나 인생도 그러하다. 아니 적어도 일반적으로 문명이라고 정의되는 인생의 특별한 시스템은 그러하다. 문명은 어떤 것에 부적절한 이름을 부여하고 나서 그 결과를 꿈꾸는 것에 있다. 사실 거짓 이름과 진짜 꿈은 새로운 현실을 만들어낸다. 대상은 정말로 다른 것이 되는데, 우리가 그것을 다른 것으로 만들기 때문이다. 우리는 현실을 제조한다. 원자재는 동일하지만 예술이 그것에 부여하는 형식 때문에 그것은 동일한 것으로 남지 못한다. 소나무로 만든 탁자는 소나무 목재이지만, 탁자이기도 하다. 우리는 탁자에 앉는 것이지 소나무에 앉는 것이 아니다. 사랑은 성적 본능이지만, 우리는 성적 본능 때문에 사랑하지는 않는다. 오히려 다른 감정이 있다고 예상한다. 실제로 이 예상은 이제 또다른 감정이 되기도 한다.

거리를 산책하는 동안, 묘하게 장난을 치는 햇빛이나 모호한 소음, 혹은 향기에 대한 기억, 어떤 외적인 영향인지 알 수 없이 연주되는 음악이 갑자기 어떤 영향을 주는지 나는 모른다. 카페에서 하릴없이 앉아서 느긋하게 적고 있는 이 두서없는 이야기도 마찬가지이다. 이런 나의 생각이 어디에 담겨 있는지 혹은 그것을 어디에 담아두고 싶은지 모른다. 가볍게 안개가 껴서 습하고 무더운 날이다. 슬프지만 위협적이지 않고, 턱없이 단조로운 날이다. 알 수 없는 어떤 느낌 때문에 나는 괴롭다. 토론 도중에 맥락을 잃은 느낌이다. 내가 쓰고 있는 글에는 의지가 없다. 나의 의식 깊숙한 곳에 슬픔이 숨어 있다. 내가 이렇듯 엉망으로 글을 갈겨쓰는 것은 이런 것을 말하기 위함도, 무엇이라도 말하기 위함도 아니며, 나의 무관심에 숙제를 주기 위해서이다. 뾰족하게 깎을 생각도 없는 뭉툭한 연필이 만들어내는 피곤한 필치로 나는 흰 종이에 천천히 글을 채운다. 그 종이는 카페에서 내가 주문한 샌드위치를 쌌던 종이이다. 나는 흰색이기만 하면 충분했기 때문에 그보다 좋은 종이는 필요 없었다. 나는 기분이 좋아서 의자에 등을 기댄다. 불확실하고 우울한 색조의 석양이 비치는 가운데 저녁이 비도 없이 단조롭게 내려오는구나……이젠 그만 써야지. 왜냐하면 내가 그만 쓰니까.

52(124)

사소한 것들, 인생의 평범한 것, 일상의 하찮음과 하찮음의 하찮음, 나의 인간으로서의 삶이 천박하고 더럽다는 것을 흐릿하고 기괴하게 강조하는 먼지.

온통 동양을 열망하는 나의 두 눈 앞에 놓인 금전 출납부, 세계 전체를 모욕하는 사장의 악의 없는 농담, 애인이, 다시 말해서 보통 말하듯이 "그 부인"이 사장에게 건 전화 한 통[…] 그 와중에 나는 순수하게 정신적이고 미적인 이론에서 가장 성과 관련 없는 부분에 대해서 명상을 하고 있다.

누구에게나 늘 부적절한 농담을 하는 사장이 있으며, 별 상관이 없는 사람이 있다. 누구에게나 사장이 있고, 그 사장에게 전화를 거는 애인이 있을 수도 있다. 그런 전화는 가장 부적절한 순간에, 즉 저녁노을이 눈부시게 내리깔리고, 알다시피, 연인이 […] 화장실에서 볼일을 보고 있는 애인을 욕할 수도 있는 위험한 순간에 올 수도 있다.

몽상가들이 모두 바이샤 지구의 사무실에서 직물 회사의 대차대조표를 앞에 두고 꿈을 꾸는 것은 아니다. 그래도 그들은 모두 금전 출납부를 앞에 두고 있다. 그 금전 출납부가 그들이 결혼한 여자이든 […] 그들이 물려받은 미래이든, 그것을 가지고 있다. 그것이 무엇이든 말이다.

그리고 친구들이, 훌륭한 청년들이 있다. 그들과 잡담을 하고, 점심을 먹고, 저녁식사를 하는 것은 정말 유쾌하다. 어떻게 말해야 할지 모르겠지만, 거리에 있어도 직물 회사 안에 있는 것처럼, 외국에 가서도 금전 출납부를 앞에 둔 것처럼, 영원 속에 있어도 사장과 함께 있는 것처럼 모두 그렇게 탐욕스럽고, 그렇게 치사하고, 그렇게 천박하다.

꿈을 꾸고, 사색을 하는 우리 모두는 직물 회사 혹은 또다른 바이샤 지구의 또다른 회사에서 일하는 사무보조이고, 회계사이다. 우리는 문서를 작성하고 실수를 한다. 우리는 총액을 계산하고 그것을 넘긴다. 우리가 계산을 끝내도, 보이지 않는 대차대조표는 항상 우리에게 적대적이다.

나는 미소를 지으며 이 글을 쓰지만, 마음이 조각조각 부서지는 것 같다. 물건이 조각나고, 파편화되고, 쪼개지듯이 말이다. 그렇듯 쓰레기처럼 조각난 나의 마음은 누군가의 어깨에 짊어진 쓰레기통 속에 처박혀 시청의 쓰레기차로 영원히 옮겨진다.

장식을 하고 문을 활짝 열어놓은 모든 것은 곧 나타나서, 도착할 왕을 기다린다. 그의 수행원들에게서 나오는 먼지는 천천히 날이 밝아오는 동쪽에서 새로운 안개가 되고, 창기병(槍騎兵)들은 이제 그들만의 새벽을 멀리서 밝히고 있다.

53(43)

꿈은 모두가 꾼다는 점에서 저속하다. 낮에 허드렛일을 하던 중에 짬짬이 가로등에 기대어 꾸벅꾸벅 졸던 사환이 어두운 밤에 무엇인가를 생각한다. 그가 속으로 무슨 생각을 하는지 나는 알고 있다. 지루한 여름에 조용한 사무실에서 총액 계산에 몰두하는 동안 내가 생각했던 것과 똑같은 것을 생각한다.

54(85)
때때로 타인의 계산서와 내 인생의 부재를 기입하는 장부에서 무거운 머리를 들어올릴 때, 나는 일종의 육체적인 메스꺼움을 느낀다. 고개를 숙이고 앉아 있기 때문이기도 하겠지만, 그것은 숫자와 실망이라는 단순한 문제를 초월하는 것이다. 인생은 마치 불필요한 약처럼 내게 메스꺼움을 준다. 내가 정말로 쫓아버리고 싶어서 간단히 힘을 내기만 하면 이 권태를 얼마나 쉽게 쫓아버릴 수 있는지 나는 그제야 확실한 통찰력을 발휘하여 이해한다.

 우리는 행동을 통해, 다시 말해서 의지를 통해 살고 있다. 원하는 것이 무엇인지 모르는 우리는(천재이든 거지이든 간에) 무기력을 함께 공유하고 있는 형제들이다. 나는 그저 회계사 보조에 불과한데, 나를 천재로 여기는 것이 무슨 의미가 있을까? 세사리우 베르데가 사무원 베르데 씨가 아니라 시인 세사리우 베르데라고 의사에게 자신을 소개했을 때, 그는 허영의 징후를 보이는 헛된 자만심에 관한 표현을 사용했다. 사실 불쌍한 베르데 씨는 늘 사무원이었다. 시인은 그가 죽고 나서야 태어났다. 그가 죽고 나서야 그의 시가 제대로 된 평가를 받았기 때문이다.

행동하는 것, 그것이야말로 진정한 지성이다. 나는 내가 되고 싶은 것이 될 것이다. 그러나 나는 무엇이든 미래의 것을 원해야 한다. 성공은 성공을 하는 데에 있는 것이지, 성공할 조건을 가지는 것에 있는 것이 아니다. 어디든 넓은 땅은 성이 될 가능성이 있다. 그러나 그것을 짓지 않는다면 그 성은 어디에 있을까?

55(113)

나는 카스카이스(포르투갈 중서부 대서양에 면한 해변 휴양지/역주)에서 리스본으로 가는 도중 꿈을 꾼다. 바스케스 씨가 에스토릴에 소유하고 있는 주택 관련 세금을 내기 위해서 카스카이스에 갔다. 나는 여행을 떠나기도 전에 그곳에 간다는 기쁨을 음미했다. 가는 데 한 시간, 오는 데 한 시간이어서 거대한 강과 대서양 어귀의 변화무쌍한 모습을 감상할 수 있었다. 사실 가는 도중 나는 추상적인 사색에 빠졌으며, 기쁜 마음으로 보았을 물 위의 풍경을 보지도 않은 채 보고 있었다. 그리고 돌아오는 길에는 그런 감정을 규명하는 데에 몰두했다. 나는 여행 도중 있었던 가장 사소한 일을, 내가 본 것 중에서 가장 작은 부분을 설명할 수 없을 것이다. 지금 쓰고 있는 이 글도 망각과 부정을 통해서 간신히 얻어냈다. 이것이 알 수 없는 그 정반대의 상황보다 더 좋은지 혹은 더 나쁜지 모르겠다.

　기차가 천천히 속력을 늦추고, 우리는 카이스 데 소드레 역에 도착한다. 나는 리스본에 도착했지만, 어떤 결론에 이른 것은 아니다.

56(55) 1930. 7. 20

잘 때 꿈을 많이 꾸면 눈을 뜨고 거리로 나오지만, 나의 눈에는 아직도 간밤에 꾼 꿈의 흔적이 확연하게 남아 있다. 나는 나의 자동기술법이 놀랍지만, 타인들은 그것을 이해하지 못한다. 왜냐하면 나는 별나라 유모의 손을 놓지 않고 일상을 보내고, 거리를 걷는 나의 발걸음은 잠의 상상력이 모의하는 어두운 음모에 가담하여 조화를 이루기 때문이다. 그리고 나는 확신을 가지고 거리를 걷지, 비틀거리지 않는다. 나는 대답을 잘한다. 그러므로 나는 존재한다.

그러나 휴식 시간에, 차를 피하거나 행인들과 부딪치지 않기 위해서 신경 쓰며 걸을 필요가 없을 때, 누군가에게 이야기할 필요도 가까운 출입문에 들어갈 필요도 없을 때, 나는 종이배처럼 다시 꿈의 강물에 표류한다. 또한 시장에 가는 채소 수레에서 삐걱삐걱 소리가 날 때 내게 생겨난 모호한 의식을 보살펴주었던 희미한 환영으로 나는 다시 돌아간다.

바로 그때, 인생의 한복판에서 꿈을 위한 거대한 영화 스크린이 만들어진다. 나는 바이샤의 꿈의 거리를 내려간다. 존재하지 않는 인생의 현실이 거짓 회상이라는 하얀 눈가리개로 나의 이마를 부드럽게 감싼다. 나는 미지의 나를 항해한다. 결코 가본 적이 없던 바로 그곳에서 나는 늘 승리했다. 이렇듯 몽롱한 상태는 산들바람처럼 신선하다. 그 상태에서 나는 몸을 구부정하게 숙인 채 불가능 위를 행진할 수 있다.

우리는 저마다 다른 것에 중독되어 있다. 나는 존재하는 것에 깊이 도취되어 있다. 나는 감정에 취해서 방황하면서도 확신을 가지고 길을 걷는다. 시간이 되면 다른 사무원들처럼 사무실로 들어간다. 사무실에 들어갈 시간이 아니라면, 나도 보통 사람처럼 강을 바라보기 위해서 강으로 간다. 나도 다른 사람들과 똑같다. 이렇게 똑같다는 사실 이면에서 나는 은밀히 나의 별자리를 만들고, 거기서 나만의 무한함을 만들어낸다.

57(368)

소파에 드러누워, 오직 가는 실 한 가닥만이 나를 인생과 묶어 둘 때, 사색에 빠진 나는 그만큼의 확신을 가지고 결코 기술할 수 없을 풍경과 결코 쓰지 못할 문장을 기술한다. 타성에 젖어 그것들을 무기력에게 받아 적게 하면서 말이다. 나는 명문(名文) 전체를 한 자씩 또렷하게 말한다. 그리고 나의 상상 속에 존재하는 드라마의 줄거리를 듣는다. 나는 시 전체의 규칙적인 운율을 한줄 한줄 따라간다. 그러자 보이지 않고 내 뒤를 따르는 노예처럼 […] 완벽함이 어둠 속에서 나를 따른다. 거의 완벽에 가까운 이러한 감각을 기르고 있던 소파에서 조금이라도 움직여서 그것을 적기 위하여 탁자에 앉는다면, 낱말들은 사라지고, 드라마는 중단된다. 그리고 이렇게 중얼거리던 운율과 결합되어 있던 생생한 관계에서 남는 것은 머나먼 향수뿐이다. 산 너머 멀어져가는 햇빛의 흔적일 뿐이고, 사막 끝에서 나뭇잎을 살랑거리게 하는 한 줄기 바람, 단 한번도 폭로된 적이 없는 관계, 타인이 즐기는 쾌락, 뒤로 돌아 우리를 바라보리라고 직감했지만, 실제로는 존재하지 않았던 여인일 뿐이다.

나는 가능한 모든 계획에 착수했다. 내가 창작했던 『일리아드』에는 논리적인 영감이 숨어 있고, 호메로스가 성취하지 못한 에피소드가 집요하게 이어졌다. 꼼꼼하게 계획해서 쓴, 존재하지 않는 나의 시의 완벽함에 비하면, 베르길리우스의 정확함은 빈약하고, 밀턴의 힘은 허약하다. 나의 우의적인 풍자시는 정확한 상징과 디테일의 완성에서 스위프트보다 뛰어나다. 나는 몇 번이나 호라티우스가 되었던가!

그러나 소파에서 일어날 때마다, 소파에서는 이런 일이 꿈을 초월하여 실제로 존재하는데, 나는 이런 일이 존재하고, 단지 꿈이 아니었다는 사실을 알게 되는 이중적인 비극을 느낀다. 그런 일 중의 어떤 것은 내가 그것들을 생각했고, 그것들이 존재했다는 사실의 추상적인 문지방에서 흔적으로 살아남기도 한다.

나는 삶에서보다는 꿈에서 더 천재적이었다. 그것이 나의 비극이다. 달리기 경주를 하는 동안 결승점에 바로 못 미쳐서 아차 하고 넘어지고 마는 운동선수인 것이다.

58(186) 1930. 6. 13

나는 늘 현재를 산다. 나는 미래에 대해서는 아무것도 모른다. 그리고 내게는 더 이상 과거가 없다. 전자는 수많은 가능성처럼 내게 영향을 주고, 후자는 존재하지 않는 현실이다. 내게는 희망도 향수도 없다. 오늘까지의 내 인생이었음을 알기 때문에 (내가 원했던 인생과 얼마나 자주 충돌했는가), 내가 예측한 것이 아니라면, 내가 원하는 것이 아니라면, 심지어 나의 의지로 나의 외부에서 일어난 것이 아니라면 미래의 나의 인생에서 무엇을 추측할 수 있을까? 어떤 것을 가지고 싶은 헛된 바람을 품고 있는 내게 그것에 대한 기억을 일깨울 뿐, 나의 과거에는 아무것도 없다. 나는 나 자신의 흔적이고 나 자신의 환영일 뿐 다른 그 무엇도 아니었다. 나의 과거는 내가 될 수 없었던 것이다. 지나간 순간에 대한 감각조차 내게 향수를 불러일으키지 않는다. 우리가 느끼는 것은 그 순간을 요구한다. 그 순간이 지나, 페이지가 넘어가면, 이야기는 계속되지만, 텍스트는 계속되지 않는다.

도시의 나무 한 그루의 짧고 검은 그림자, 우중충한 분수에 떨어지는 가벼운 물소리, 매끄러운 풀밭의 초록색(저녁 무렵의 공원). 바로 이 순간 너희야말로 내게 우주 전체가 된다. 왜냐하면 너희가 나의 의식적인 감각을 가득 채우기 때문이다. 이 뜻하지 않은 저녁에 이 정원에서 놀고 있는 낯선 아이들의 목소리에 몰두하여 인생을 느끼는 것 외에 나는 인생에서 원하는 것이 아무것도 없다. 우울한 거리가 울타리처럼 정원을 둘러싸고 있고, 그 위로는 높은 나뭇가지와 더불어 고대의 하늘이 마치 액자처럼 테를 두르고 있다. 그 하늘에서 막 별이 뜨고 있다.

59(33)

생각하는 동안 나는 메아리인 동시에 심연이 되었다. 나를 더욱 깊게 만들면서 나는 여러 개로 늘어났다. 가장 사소한 에피소드들—빛의 변화, 마구 흩날리며 떨어지는 낙엽, 누렇게 변해서 떨어지는 꽃잎, 벽 너머에서 들리는 목소리나 혹은 그 소리를 들어야 하는 사람의 발소리와 더불어 그 소리를 말하는 자의 발소리, 낡은 농장의 반쯤 열린 대문, 반짝이는 달빛 아래 비좁은 주택들 위의 아치를 통해서 보이는 안뜰—, 이 모든 것들은 내게 속하지 않는다. 그것들은 향수와 공명의 줄로 나의 감각적인 사색을 묶어버린다. 그렇게 감각하는 매 순간마다 나는 다른 사람이 되고, 막연한 느낌이 있을 때마다 나는 고통스럽게 새로 부활한다. 나는 내게 속하지 않은 느낌에 의지하여 살아간다. 나는 욕망을 자제하는 난봉꾼이고, 나의 존재 안에서 늘 타인이 된다.

60(34)

나는 내 안에서 다양한 개성을 만들었다. 나는 지속적으로 개성을 창조한다. 매번 꿈을 꾸기만 하면 나의 꿈은 꿈을 꾸기 시작하는 또다른 사람으로 구체화되지만, 나는 존재하지 않는다.

  창조하기 위해서, 나는 스스로 파괴되었다. 나는 내 안에서 그렇게 외부적으로 표현되었고, 외부에서가 아니라면 나는 내 안에서 존재하지 못한다. 나는 살아 있는 무대이며, 다양한 배우들이 다른 역할을 연기하면서 그 위를 지난다.

61(36)

모든 풍경은 심상이라고 아미엘(Henri Frédéric Amiel, 1821-1881 : 스위스의 철학자이자 문학자. 내면의 방황을 통한 성찰과 철학이 담긴 일기를 남겼다/역주)이 말했지만, 그 문장은 나약한 몽상가의 나약한 행복일 뿐이다. 풍경이 풍경이 될 때, 그것은 심상이 될 수 없다. 객관화는 창조를 의미한다. 완성된 시가 그 시를 쓰겠다고 생각하는 심상이라고 말할 사람은 아무도 없을 것이다. 보는 것은 꿈꾸는 것이리라. 그러나 꿈꾼다는 말 대신에 본다는 말을 쓰는 것은 우리가 꿈꾸기와 보기를 구별하기 때문이다.

어쨌든 말의 심리학을 이렇게 사색하는 것이 무슨 소용이 있을까? 나와 무관하게 화초는 자라고 자라는 그 화초 위로 비가 내리며, 햇빛은 이미 자라거나 앞으로 자랄 풀밭을 금빛으로 물들인다. 아득히 먼 시절부터 산은 솟아 있었고, 바람은 호메로스가 존재하지 않아도 그가 느꼈던 그대로 지나간다. 심상은 풍경이라고 말하는 편이 더 옳을 터이다. 이 문장은 이론의 거짓말이 아니라 비유의 진실을 포함한다는 점에서 이로울 것이다.

상 페드루 데 알칸타라 전망대에서 태양의 보편적인 햇빛에 반짝이는 도시의 광활한 공간을 보고 나는 되는 대로 쓴 이 말에 대한 암시를 받았다. 광대한 전망을 볼 때마다, 그리고 70미터 높이와 물리적으로 나를 구성하는 61킬로그램의 몸무게에서 자유로워질 때마다, 나는 꿈은 꿈일 뿐이라며 꿈을 꾸는 자들에게 강렬한 형이상학적인 미소를 짓는다. 그리고 지식인의 고상한 미덕을 가진 나는 절대적인 외부세계의 진실을 사랑한다.

저 멀리서 보이는 타구스 강은 파란 호수이고, 먼 바닷가의 언덕은 평평한 스위스의 언덕이다. 작은 배 한 척—검은색 상선—이 포수 두 비스푸 해안에서 여기서는 볼 수 없는 하구를 향해 떠나고 있다. 이처럼 밖으로 향한 나의 이미지가 끝나는 시간까지 신들이여, 부디 외부 현실의 환하고 투명한 개념과, 대수롭지 않은 나 자신의 본능과, 어린아이가 되어 행복하다고 생각할 수 있는 위로가 내게 유지되도록 하소서.

62(38) 1932. 1. 29

여름의 막바지 무더위가 한풀 꺾이고 햇살이 부드러워지자 본격적인 가을이 되기 전에 마치 하늘이 웃고 싶지 않은 듯이, 말로는 설명할 수 없는 가벼운 슬픔과 함께 가을이 시작되었다. 하늘은 때로는 밝은 색이었다가, 때로는 거의 초록에 가까울 때도 있었지만, 두 경우 모두 본질적으로 진한 색은 아니었다. 그것은 다양한 자줏빛 색조의 구름에 대한 일종의 망각이었다. 그러나 구름이 전체적으로 고요한 고독 속을 통과할 때면 무감각이 아니라 지루함이 느껴졌다.

아직은 쌀쌀하지 않은 공기에서 감지되는 차가움은, 진짜 가을이 왔음을 알려주었다. 또한 아직은 흐릿하지 않은 색조의 흐릿함, 사물의 희미한 모습과 풍경의 색조에서 전에는 없었던 이탈과 그림자의 낌새가 진짜 가을을 알려주었다. 사라진 것은 아직 없었지만, 모든 것이, 아직은 웃지 않은 미소처럼 인생을 추억하며 변하고 있었다.

그리하여 완연한 가을이 되었다. 공기는 바람 때문에 차가워졌다. 나뭇잎은 낙엽이 되어 떨어지기 전인데도 마른 소리를 내며 흔들렸다. 대지는 어렴풋이 드러나는 늪처럼 감지할 수 없는 형상과 색채를 띠고 있었다. 마지막 미소였던 것은 눈꺼풀의 피곤함으로, 몸짓의 차이로 점차 퇴색되었다. 그리하여 감각 능력을 가진 모든 것, 혹은 감각 능력을 가졌다고 우리가 믿는 모든 것은 자신과의 결별을 가슴속 깊이 가두고 있었다. 안뜰에 불어닥친 돌풍처럼 거친 소음이 우리가 알고 있는 다른 사물에 대한 인식을 가로질렀다. 진정 인생을 느끼기 위해서 사람들은 병에서 회복되어가는 환자가 되기를 갈망했다.

그러나 가을 한복판에 뜻하지 않게 내리는 초겨울 비가 무례하게도 이와 같은 어중간한 색조를 씻어내고 있었다. 거센 바람이 불자 정지한 사물에서 덜컹덜컹 소리가 났고, 정돈되어 있던 사물이 어지럽게 흩어졌으며, 움직이는 물건들은 질질 끌려갔다. 더불어 바람은 간헐적으로 빗소리가 들리는 가운데 누군지 알 수 없는 자가 산만하게 항변하는 소리를, 영혼 없는 절망의 슬프고도 성난 듯한 소리를 풀어헤쳐놓았다.

이윽고 차가운 회색빛 가을이 끝났다. 이제는 겨울 같은 가을이 왔고, 먼지는 결국 진창이 되었지만, 더불어 겨울의 냉기는 뭔가 좋은 것도 가져왔다. 지나간 모진 여름과, 앞으로 다가올 봄, 마침내 겨울에 자리를 내준 가을을 말이다. 높은 하늘의 우중충한 색조를 보니 더 이상 무더위와 슬픔이 기억나지 않았다. 그 하늘 위에서 모든 것은 밤과 자유로운 명상에 알맞았다. 나는 생각에 의지하지 않고 모든 것을 이렇게 바라보았다. 오늘 나는 그것을 기억하기 때문에 그것을 글로 쓴다. 내가 지금 살고 있는 가을은 내가 잃어버린 가을이다.

63(434)

저물어가는 여름 어느 날 저녁, 처음으로 날씨가 쌀쌀한 며칠을 뒤따라서 드넓은 하늘보다 부드러운 색채가, 신선한 미풍의 부드러운 손길이 가을을 알린다. 아직 나뭇잎의 초록색이 바랬거나 잎이 떨어지지도 않았고, 우리 자신의 미래의 죽음을 보여주기 때문에 외부의 죽음을 인식할 때마다 수반되는 그 막연한 번뇌도 없었다. 그것은 마치 남아 있는 활력이 점차 고갈되는 것과 같았으며, 행동의 마지막 시도를 슬금슬금 갉아먹는 일종의 막연한 선잠과 같았다.

매년 다가오는 가을은 우리가 맞을 마지막 가을에 가장 근접한다. 그것은 여름도 마찬가지이다. 그러나 가을의 자연은 우리에게 모든 것의 종말을 떠오르게 한다. 허나 여름에는 그것을 쉽게 망각한다. 아직 가을은 오지 않았다. 아직 노란 낙엽들이 대기를 가득 채우지도 않았고, 날씨에는 다가올 겨울처럼 축축한 슬픔이 배어 있지 않다. 그러나 균열이 가듯이 슬픔에 대한 예감이 생기고, 우리는 널리 퍼진 사물의 색채와, 서로 다른 바람의 분위기와, 저녁 무렵 필연적으로 존재하는 우주로 서서히 퍼지는 고요함에 관심을 두면서 막연한 고통을 느낄 준비를 한다.

  그렇다, 우리는 모든 것을 통과할 것이고, 모든 것은 지나갈 것이다. 감각과 장갑을 이용하곤 했던 사람에 대한 것, 지역 정치와 죽음에 대해서 이야기했던 사람에 대한 것은 남지 않을 것이다. 똑같은 햇빛이 행인들의 각반과 축복받은 사람들의 얼굴을 비추듯이 그 빛이 사라지면, 어떤 사람들은 성인이 되었고, 다른 이들은 각반을 찬 사람들이 되었다는 사실에 대한 것은 아무것도 남지 않을 것이고, 그 궁극의 무(無)조차 어둠 속에 남을 것이다. 낙엽의 소용돌이 속에 있는 것처럼 세상 전체가 나태하게 누워 있는 거대한 소용돌이 속에서 왕국도, 재봉사의 옷도 똑같은 가치를 가지고, 금발머리 소녀의 땋은 머리도 한때 제국을 상징했던 왕홀(王笏)처럼 치명적으로 흔들린다. 모든 것이 아무것도 아니다. 신의 안뜰에서는—그곳의 열린 문은 앞에서 닫힌 문만 보여주는데—우리가 우주라고 생각하는 체계를 우리를 위해, 우리 안에서 만들었던, 크고 작은 모든 것들이 손도 대지 않고 휘젓고 다니는 바람에 이끌려 춤을 춘다. 모든 것은 그저 그림자이고 뒤섞인 먼지일 뿐이다. 바람이 일으키고 끌고 간 것의 소음밖에 들리지 않고, 바람이 남기고 간 침묵 외에 다른 침묵은 없다. 어떤 것들은 가볍기 때문에 쉽게 올라가는 가벼운 나뭇잎처럼 안뜰의 소용돌이를 통과하여 위로 날아올라 더 무거운 물건들 밖으로 멀리 떨어진다. 가까이서 보지 않으면 구별할 수 없는 다른 것들은 그 소용돌이 속에서 하나의 층을 형성하지만, 먼지처럼 거의 눈에 보이지 않는다. 축소된 나무줄기 같은 다른 것들은 주위에 끌려들어가서 여기저기에 버려진다. 어느 날 사물에 대한 인식이 끝나면, 심연의 문이 열릴 것이고, 우리가 가진 과거의 모든 것들―별과 영혼의 파편에 불과한 것들―은 집 밖으로 털려날 것이다. 무엇이든 존재하는 것이 다시 시작하도록 말이다.

나의 심장은 그것이 마치 이방인의 몸인 듯이 나를 아프게 한다. 나의 두뇌는 내가 느끼는 모든 것을 잠재운다. 그렇다, 대기와 나의 영혼을 쌀쌀한 햇살로 공평하게 쓰다듬는 가을이 시작된다. 햇살은 해질 녘 얼마 되지 않는 구름의 흐릿한 윤곽에 흐릿한 노란색 테를 두른다. 그래, 가을이 시작된다. 이 조용한 시간에 모든 사물이 가진 익명의 부족함에 대한 투명한 인식이 시작된다. 가을. 그래, 지금 그대로 혹은 앞으로 오게 될 가을. 모든 행동의 피곤함을 미리 예상하고 모든 꿈의 깨어짐을 미리 예상한다. 내가 무엇을 희망할 수 있을까? 이제 나에 대한 생각을 하면서 나는 안뜰의 먼지와 나뭇잎 사이를 걷고 있으며, 무(無) 주위를 도는 이 무감각한 궤도 속에서 깨끗한 포장도로를 걷는 유일한 소리는 나의 발소리뿐이다. 비스듬한 햇빛은 미지의 장소에서 나오는 죽음의 빛으로 그 도로를 밝힌다.

내가 생각했던 모든 것, 내가 꿈꾸었던 모든 것, 내가 했고 그리고 하지 않았던 모든 것. 그 모든 것이 바닥에 아무렇게나 흩어져 있는 다 쓴 성냥처럼 가을에 사라질 것이다. 혹은 조각조각 찢어버린 종잇장이나, 깊이 잠든 아이들이 가지고 노는 철학처럼 말이다. 가장 고상한 나의 열망에서부터 내가 거주하는 초라한 집에 이르기까지, 내가 섬겼던 신들에서부터 나의 사장님인 바스케스 씨까지도 모든 것은 나의 영혼이다. 모든 것은 가을에 떠난다. 모든 것은 가을에, 가을의 부드러운 무관심 속으로 사라진다. 모든 것은 가을에, 그래, 모든 것이 가을에…….

64(66) 1930. 12. 10
나는 매우 침체되어 있다. 그렇다고 해서 모두가 그러하듯이 누군가가 내게 쓴 급한 편지에 엽서로 답장을 보내느라 며칠을 보낸다는 말은 아니다. 또한 다른 모든 사람들이 그렇지 않은 것처럼 내게 유용한 쉬운 일이나 내게 기쁨을 주는 유용한 일을 결국 미룬다는 의미도 아니다. 나 자신에 대한 오해가 그보다 더욱 미묘하다. 나는 심지어 영혼까지 침체되어 있다. 나의 의지와 감정과 사고가 중지되어 나는 괴롭다. 이와 같은 중지 상태는 오랜 시일 지속되고 있다. 나는 오직 뇌사상태에 빠진 영혼의 생활과 말과 몸짓과 습관을 통해서 타인에게 나를 표현하고, 타인을 통해서 내게 말을 한다.

 이 그림자 같은 시기에 나는 생각할 수도, 감각할 수도, 희망할 수도 없다. 내가 그럭저럭 쓸 수 있는 것은 숫자나 선뿐이다. 나는 아무것도 감각하지 못한다. 심지어 사랑하는 사람의 죽음조차 그 일이 외국어를 사용하는 장소에서 발생한 듯이 나와 상관이 없는 것 같다. 나는 아무것도 할 수 없다. 그것은 마치 잠을 자는 것과 같다. 나의 몸짓과 말과 행동이 다름 아닌 피상적인 호흡 같고, 모든 유기체의 순환 본능 같다.

그렇게 여러 날이 흘러간다고 해도 나는 내 인생에서 얼마나 많은 시간이 흘러갔는지 모를 것이다. 때때로 이런 생각이 든다. 이 침체상태에서 벗어났을 때, 내가 생각처럼 그렇게 홀딱 벗고 있지는 않을 것이라고. 영원히 부재하는 나의 진정한 영혼을 덮어줄 무형의 옷이 있을 것이라고 말이다. 그러나 이런 생각도 든다. 생각하기, 느끼기, 바라기보다 은밀하게 생각하는 방식에 대해서, 나와 친밀하게 관련된 느낌에 대해서, 내가 진정으로 존재하는 어딘지 모를 미궁 속에서 잃어버린 의지에 대해서 말해주는 침체된 형태가 될 수 있다는 것을.

어쨌든 나는 그대로 놔두련다. 그리고 궁극적으로 존재하는 신이나 여신들에게 내가 존재한다는 사실을 맡기련다. 운명이 무엇을 명령하든, 뜻하지 않게 무슨 일이 벌어지든 잊어버린 약속을 충실히 따르면서 말이다.

65(148) 1934. 6. 9

여름이 시작되자 나의 슬픔도 커간다. 여름철의 햇볕이 비록 따갑기는 하지만, 자신이 누군지 모르는 사람에게는 위안을 준다고 생각할 수도 있을 것이다. 그러나 나는 그렇지 못하다. 느낄 줄도 생각할 줄도 모른다면 내가 느끼고 생각하는 것과 외부의 활기 넘치는 생활 간의 차이가 너무 커진다. 땅 속에 영원히 묻어버리지 못하는 시체와 같은 나의 감각. 우주라고 불리는 이 형체 없는 조국에서 나는 정치적인 억압을 당하는 것 같다. 나를 직접 억압하지는 않지만, 무엇보다 내 영혼에 숨겨둔 원칙을 침해하고 있다. 그러자 내 안에서 불가능한 추방에 대한 향수가 먼저 천천히 은밀하게 고개를 든다.

나는 무엇보다 잠을 자고 싶다. 그러나 환자의 수면을 포함하여 모든 종류의 수면처럼 쉬고 있다는 육체적인 특권이 숨어 있는 잠을 원하는 것은 아니다. 인생을 잊고 꿈을 꾸도록 하기 위해서 우리의 영혼과 접촉하는 쟁반 위에 마지막 포기라는 평온한 선물을 담아주는 꿈도 원하지 않는다. 그런 것이 아니다. 내가 원하는 것은 잠들지 못하는 잠이다. 눈꺼풀을 결코 감지 않은 채 그것을 압박하고, 어리석고 혐오스러운 줄 알고 하는 몸짓으로 의심 많은 입술을 오므리게 하는 잠을 말이다. 영혼이 심각한 불면증을 앓는 동안 쓸데없이 몸을 짓누르는 잠인 것이다.

밤이 되어서야 나는 기쁨은 아니더라도 최소한 휴식을 느낀다. 이때의 휴식은 만족을 가져오는 다른 휴식의 상태와 유사하기 때문에 나는 그것에 만족한다. 그러면 졸음은 지나가고, 그러한 상태가 가져왔던 혼란에 빠진 몽롱한 정신이 희미해지다가 점차 밝아지며 거의 환해진다. 순간적으로 다른 사물에 대한 희망이 생긴다. 그러나 그 희망은 오래가지 못한다. 남아 있는 것은 졸음도 희망도 없는 몽롱함뿐이다. 잠을 이룰 수 없는 사람의 쓸쓸한 각성일 뿐이다. 그래서 내 방 창문을 통해서 나는, 피곤한 육신에 초라한 영혼을 가진 나는 수많은 별들을 바라본다. 수많은 별들과 공허함, 하지만 저렇게 별들이 많이 있는데……

66(132) 1930. 6. 27

우리에게 인생은 우리가 그것에서 상상하는 것이다. 들판을 가진 농부에게는 그의 들판이 전부이고, 그 들판은 하나의 제국과도 같다. 만족스럽지 않은 제국을 가진 카이사르에게는 그의 제국이 하나의 들판이나 마찬가지이다. 가난한 사람은 제국을 소유하지만, 위대한 사람은 들판을 소유한다. 그러나 사실 우리는 우리의 감각만을 소유할 뿐이다. 그러므로 우리는 감각이 감지하는 것이 아니라 우리의 감각에 근거하여 우리 인생의 현실을 보아야 한다.

그러나 이 모든 것이 뜬금없다.

나는 늘 꿈을 많이 꾸었다. 나는 꿈을 꾸었기 때문에 피곤하지만, 꿈꾸기가 싫증나지는 않는다. 꿈꾸기에 싫증을 느끼는 사람은 아무도 없다. 왜냐하면 꿈꾸기는 망각하는 것이고, 망각은 우리를 짓누르지 않기 때문이다. 망각은 깨어 있는 상태에서 꿈을 꾸지 않고 잠을 자는 것이기 때문이다. 꿈에서 나는 모든 목적을 이루었다. 때때로 잠을 깨기도 했지만, 그것이 뭐가 중요하단 말인가? 나는 얼마나 많은 카이사르가 되었던가! 명예로운 자들은 얼마나 인색한가! 관대한 해적 덕에 목숨을 부지한 카이사르는 이후 그 해적을 오랫동안 힘겹게 찾은 끝에 체포하자마자 그를 교수형에 처한다. 나폴레옹은 세인트 헬레

나 섬에서 유언장을 작성하여 웰링턴을 살해하려고 했던 죄수에게 유산을 남긴다. 오, 그들의 위대함은 이웃집 사팔뜨기 부인의 위대한 영혼과 다를 바가 없다! 오, 다른 세상의 여성 요리사처럼 위대한 사내들이여! 나는 얼마나 많은 카이사르가 되었던가! 아직도 나는 카이사르가 되는 꿈을 꾸나니!

그러나 내가 되었던 카이사르는 현실의 카이사르가 아니다. 나는 꿈을 꾸는 동안에 정말로 황제였다. 그러므로 나는 아무도 아니었던 것이다. 나의 군대는 패배했지만, 패배는 중요하지 않고, 죽은 사람은 아무도 없었다. 나는 깃발을 잃지 않았다. 꿈을 꾸는 나의 시선의 모퉁이에 그 깃발이 나타날 때까지 나는 군대에 대한 꿈을 꾸지 않았다. 바로 이곳 도라도레스 거리에서 나는 얼마나 많은 카이사르가 되었던가. 내가 되었던 카이사르는 아직도 나의 상상 속에 살아 있다. 그러나 실제로 존재했던 카이사르들은 죽었다. 그리고 도라도레스 거리는, 즉 현실은 그들을 알 수 없을 것이다.

나는 발코니 없는 내 방의 높은 창턱 너머로 빈 성냥갑을 거리를 향해서 던진다. 거리가 곧 심연이다. 나는 의자에서 일어나 귀를 기울인다. 마치 그 사실이 어떤 의미가 있는 양, 길바닥에 떨어진 빈 성냥갑은 내가 보고 있는 거리가 황량하다는 사실을 메아리처럼 말하고 있다. 도시 전체의 모든 소음을 제외하면 다른 소리는 전혀 없다. 그래, 일요일 도시 전체의 소리는 그토록 많은 소리를 이해할 수는 없지만, 저마다 올바른 길을 가고 있다.

현실 세계에서 최고의 사색에 잠기게 하는 출발점은 얼마나 보잘것없는지! 점심식사에 늦게 도착했다는 사실, 성냥을 다 썼다는 사실, 내가 길거리에 빈 성냥갑을 던졌다는 사실(너무 늦게 점심을 먹은 뒤라 다소 기분이 언짢았다), 볼품없는 석양을 약속하는 일요일이라는 사실, 이 세상에 아무도 존재하지 않는다는 사실, 그리고 그 모든 형이상학적인 문제들.

그러나 나는 얼마나 많은 카이사르였던가!

67(145)

나는 오늘 아침 갑자기 뒤숭숭한 기분이 들어 일찍 잠에서 깼으며, 알 수 없는 지루함으로 질식할 것 같아 얼른 침대에서 일어났다. 꿈 때문에 그런 것도, 현실 때문에 그런 것도 아니었다. 그것은 절대적이고 완벽하지만, 뭔가 알 수 없는 것에 뿌리를 둔 지루함이었다. 내 영혼의 깊은 어둠 속에서 보이지 않는 알 수 없는 힘들이 갈등하고 있었다. 이때 나의 존재는 전쟁터였으며, 나는 알 수 없는 충돌 때문에 몸을 떨었다. 잠을 깨는 순간 내 인생 전체에 대한 물리적인 구역질이 올라왔다. 살아야 한다는 공포감이 나와 함께 침대에서 벌떡 일어났다. 모든 것이 공허한 듯하여 나는 어떤 문제도 해결할 수 없으리라는 사실을 냉정하게 실감했다.

거대한 불안이 나의 사소한 몸짓까지도 얼어붙게 했다. 나는 광기가 아니라 바로 이 사소한 몸짓 때문에 미칠까봐 두려웠다. 나의 육신은 억눌린 외침이었다. 나의 심장이 뛰는 소리가 마치 흐느껴우는 것처럼 들린다.

  나는 맨발로 성큼성큼 걸으면서 발을 옮길 때마다 걸음걸이가 다르게 보이도록 헛되이 노력하면서 넓지 않은 방을 지나갔고, 구석에 있는 문을 열면 복도와 연결되는 옆방의 공허한 대각선을 지나갔다. 되는 대로 불확실하게 걷다보니 나는 옷상자 위에 놓인 솔을 건드렸고, 의자와 충돌했으며, 흔들리는 손은 침대 틀의 거칠거칠한 쇠에 부딪혔다. 나는 담배에 불을 붙인 다음, 별 생각 없이 담배를 피웠는데, 베개 위에 떨어진 담뱃재를 보고서야(내가 거기에 눕지 않았다면 어떻게 그것이 가능했을까?) 내가 뭔가에 홀렸다는 사실을 깨달았다(혹은 최소한 명목상이 아니라면 그와 유사한 상태에 있었다는 것을). 그러므로 내가 나 자신에 대해서 평범하게 가지고 있었을 의식이 심연에 맞닿아 있었다는 것을 알았다.

  새벽이 다가오고 있었다. 흐릿한 차가운 빛이 서서히 드러나는 지평선을 푸른빛이 감도는 희미한 흰색으로 덮는다. 세상이 감미로운 입맞춤을 하는 것 같다. 그 빛이, 진정한 하루가 나를 해방시켰기 때문에, 뭔지 모를 것으로부터 나를 해방시켰기 때문에, 그것은 내가 모르는 나의 노년에 든든한 힘을 주었고, 꾸며낸 나의 유년기를 어루만졌으며, 나의 민감한 감수성의 빈약한 휴식을 두둔해주었다. 아, 인생의 야만성과 인생의 압도적인 부드러움에 눈을 뜨게 하는 아침이여! 내 앞, 내 밑에서 비좁은 낡은 도로가 점점 밝아오는 것을 보자 나는 하마터면 눈물을 흘릴 뻔했다. 모퉁이 식품점의 셔터가 눈부신 햇빛을 받아 지저분한 밤색으로 변하는 것을 보자, 나의 마음은 동화 같은 위로를 느낀다. 그리고 감각하지 않는 것이 얼마나 마음을 편하게 하는지 알기 시작한다.

이런 고통을 가져오는 아침이여! 아침이 되기 전 어떤 그림자가 물러가는가? 그리고 어떤 신비로운 일이 있었는가? 아무것도 없다. 첫 전차의 경적 소리는 영혼의 어둠을 밝히는 성냥불과 같다. 그리고 첫 번째 행인의 단호한 발걸음은 동요하지 말라고 내게 친절하게 말하는 구체적인 현실이다.

68(381)
나의 권태와 꿈의 계단을 통해서 너의 비현실에서 내려와라. 내려와서 세상을 대신하라.

69(384) 1932. 6. 23
인생은 마지못해 시작한 시험적인 여행이다. 물질을 통한 정신의 여행인 것이다. 여행을 하는 것은 정신이므로 우리는 정신 안에서 살고 있다. 그러므로 단지 외부적으로 인생을 살았던 영혼들보다 더욱 강렬하게, 더욱 폭넓게, 더욱 요란하게 살았던 사색하는 영혼이 있는 것이다. 중요한 것은 마지막 결과이다. 우리가 느낀 것은 우리가 경험한 것이다. 힘든 육체노동을 한 뒤처럼, 꿈을 꾼 뒤에 우리는 지쳐서 침대로 간다. 생각을 많이 할 때처럼 그렇게 열정적으로 살 수는 없다.

홀의 구석에 있는 사내는 모든 무용수들과 춤을 춘다. 그는 모든 것을 본다. 모든 것을 보기 때문에 그는 모든 것을 경험하는 것이다. 결국 모든 것은 우리의 감각에 있으므로, 타인의 육체를 보는 것 혹은 그것을 기억하는 것은 타인의 육체와 실제로 접촉하는 것이나 마찬가지이다. 남들이 춤추는 것을 볼 때, 나도 춤을 춘다. 풀밭에 누워 멀리서 추수하는 세 명의 농부들을 보았던 영국 시인처럼 나도 이렇게 말할 수 있다. "네 번째 농부도 저기서 추수를 하고 있지. 그가 바로 나야."

내가 느낀 대로 말하는 이 모든 것은 겉으로 보면 원인이 없는 피곤함과 관련이 있다. 오늘 갑자기 내가 느낀 피곤함 말이다. 나는 피곤할 뿐만 아니라 애통하기도 하지만, 그 애통의 원인도 모른다. 너무 괴로워서 눈물이 나오려고 한다. 흐르는 눈물이 아니라, 압박하는 눈물이. 몸이 아파서가 아니라 영혼이 아파서 나오는 눈물 말이다.

나는 경험하지 않은 채 많은 것을 경험했다. 생각하지 않고 많은 것을 생각했다. 이행하지 않은 폭력의 세계, 조용히 지나간 모험의 세계가 나를 압박한다. 결코 소유한 적이 없었던 것, 그리고 앞으로도 소유하지 않을 것 때문에 나는 피곤하다. 늘 존재하기 직전인 신들 때문에 피곤하다. 나는 내가 회피했던 모든 전쟁의 부상을 몸에 간직하고 있다. 나의 육신은 내가 결코 생각한 적이 없었던 노력 때문에 통증을 느낀다.

지루함, 침묵, 공허함……. 저 위의 하늘은 지나버린 불완전한 여름이다. 나는 하늘이 거기에 없는 양 하늘을 바라본다. 나는 자면서 생각하고, 걸을 때에도 누워 있으며, 괴로워하면서도 아무것도 느끼지 않는다. 나는 아무것도 아닌 것 때문에 진한 향수를 느낀다. 그것은 무(無) 그 자체이다. 내가 보지 않으면서도 비개인적으로 응시하고 있는 저 위의 하늘처럼 말이다.

70(387)

여행을 하고 싶은가? 여행을 하기 위해서라면 존재하기만 하면 된다. 나의 육신 혹은 나의 운명이라는 기차를 타고 나는 정거장마다 하루하루 여행을 한다. 창밖으로 도로와 광장과, 사람들의 태도와 얼굴을 바라보면서 말이다. 그것들은 늘 똑같으면서도 늘 다른, 결국 그것들 자체로 풍경이 된다.

뭔가를 상상하면, 나는 그것을 본다. 내가 여행을 한다면, 무엇을 더 할 것인가? 지극히 나약한 상상력만 있어도 누구나 감각하기 위해서 여행을 할 수 있다.

"어떤 길이든, 엔테풀로 가는 이 길도 당신을 세상의 끝으로 데려간다."(토머스 칼라일, 『의상철학[*Sartor Resartus*]』, 제2부, 제2장. 엔테풀[Entepfuhl]은 주인공인 토이펠스 드뢰크가 청년기를 보낸 마을 이름이며 '거위 연못'이라는 뜻/역주) 그러나 세상의 끝은, 세상을 돌아다니다가 한 번이라도 지친 적이 있다면, 당신이 떠났던 바로 그 엔테풀이다. 사실 세상의 끝은 세상의 시작처럼 그저 세상에 대한 우리의 개념일 뿐이다. 오직 우리 내부에서만 풍경이 풍경이 된다. 그렇기 때문에 내가 풍경을 상상할 때, 나는 그것을 만들어낸다. 내가 풍경을 만들면, 그것은 존재한다. 풍경이 존재한다면, 나는 남들처럼 그것을 본다. 무엇하러 여행을 하는가? 마드리드, 베를린, 페르시아, 중국, 북극과 남극. 나의 내면이 아니라면 나는 어디에서 나의 특별한 감각을 느낄 것인가?

인생은 우리가 만드는 것이다. 여행자가 바로 여행이다. 우리가 보는 것은 우리가 보는 것이 아니라 우리가 존재하는 것이다.

71(388)
여행자가 마땅히 가져야 할 영혼을 가진, 내가 만난 적이 있는 유일한 여행자는 내가 한때 일한 적이 있던 사무실의 사환이었다. 소년은 여러 도시와 나라, 여행사의 광고 팸플릿을 모으고 있었다. 그는 지도를 가지고 있었다(잡지에서 뜯어낸 것도 있었고, 여기저기서 모은 것도 있었다). 잡지나 신문에서 오려낸 풍경화와 이국적인 풍습을 그린 판화, 배 사진들도 가지고 있었다. 그는 가상의 사무실이나 실제로 존재하는 사무실을 대신하여(아마도 그가 일하는 사무실이었을 것이다) 여행사를 방문했으며, 이탈리아와 인도 여행 팸플릿, 포르투갈과 오스트레일리아를 잇는 선박여행에 관해서 자세하게 설명하고 있는 팸플릿을 달라고 했다.

소년은 가장 위대한 여행자였을 뿐만 아니라(왜냐하면 내가 만났던 사람들 중에서 가장 진실한 사람이었으므로) 내가 만난 사람들 중에서 가장 행복한 사람이기도 했다. 지금은 그와 소식이 끊겨서 유감이다. 아니, 사실은 그저 유감이라고만 생각한다. 그를 알고 지낸 짧은 시간에서 10년도 더 지난 오늘날에는 그 소년도 어리석은 어른이 되었을 것이기 때문이다. 어쩌면 결혼하여 생계를 위해서 밥벌이를 하며 자신의 의무를 성실하게 완수하는 사람이 되었을지도 모른다. 한마디로 말해서 살아 있는 시체 말이다. 심지어 그는 몸소 여행을 다녔을 것이다. 영혼을 통해서 여행하는 법을 그렇게 잘 알고 있었던 그가 말이다.

갑자기 어떤 기억이 떠오른다. 그는 파리에서 부쿠레슈티(루마니아의 수도/역주)까지 가는 철도를 정확히 알고 있었고, 어떤 기차를 타면 영국을 통과하는지 알고 있었다. 이상한 이름을 그가 잘못 발음할 때마다 그의 영혼의 위대함은 너무나 확실하게 드러났다. 이제 그는 마치 시체처럼 살고 있을 것이다. 그러나 어느 날, 나이가 들면, 보르도에 실제로 도착하는 것보다 보르도를 꿈꾸는 것이 더 좋거니와, 더 진실하다는 것을 기억할 것이다.

어쩌면 이 모든 이야기가 그에게는 다르게 설명될 수도 있고, 아마도 그는 누군가 다른 사람을 흉내만 낸 것일 수도 있었을 것이다. 혹은……그렇다. 아이의 총명함과 어른의 어리석음 사이의 놀라운 차이를 생각할 때, 나는 자주 이런 생각을 한다. 유년기에는 수호천사가 우리를 따라다니면서 그의 영적인 지성을 우리에게 빌려주지만, 나중에 어른이 되면, 유감스럽지만 도덕률에 따라서 우리를 떠난다고 말이다. 어미 동물이 살찐 돼지가 되라며(그것은 우리의 운명이다) 다 자란 새끼를 떠나는 것처럼 말이다.

72(389)

우리가 보통 박학다식하다고 말하는 지식의 박학함이 있고, 우리가 보통 문화라고 말하는 이해의 박학함이 있다. 그러나 감성의 지식도 있다. 감성의 지식은 인생 경험과는 아무 관련이 없다. 역사가 아무것도 가르치는 것이 없듯이, 인생 경험도 아무것도 가르치지 않는다. 진정한 경험은 현실과의 접촉을 줄이는 데에 있는 반면, 동시에 그 접촉에 대한 분석을 강화하는 것에 있다. 그러면 감성의 폭이 넓어지고, 깊이가 깊어지는데, 왜냐하면 우리 안에 모든 것이 있기 때문이다. 그것을 찾고, 또 그것을 찾을 수 있기만 하면 된다.

여행은 무슨 의미가 있고, 무슨 소용이 있을까? 석양은 어느 곳에서나 똑같은 석양이다. 그것을 보러 콘스탄티노플에 갈 필요는 없다. 여행에서 나오는 자유로운 감각? 나는 리스본에서 벤피카로 가면서 그것을 가질 수 있다. 내가 가진 감각이 어쩌면 리스본에서 중국으로 여행하는 사람보다 더 강렬할 것이다. 내 안에 자유가 없다면 나는 어디를 가도 그것을 찾지 못할 것이기 때문이다. 칼라일은 이렇게 말했다. "어떤 길이든, 엔테풀로 가는 이 길도 당신을 세상의 끝으로 데려간다." 그러나 우리가 엔테풀로 가는 길을 모두 통과하여 끝까지 가면 다시 엔테풀로 돌아간다. 우리가 찾은 엔테풀이 우리가 가고자 했던 세상의 끝이기 때문이다.

콩디야크(Étienne Bonnot de Condillac, 1715-1780 : 프랑스의 철학자. 로크의 경험주의적 인식론을 연구하여 감각론의 대표자가 되었다/역주)는 그의 유명한 책을 다음과 같이 시작한다. "우리가 아무리 높은 곳까지 올라가도, 우리가 아무리 낮은 곳까지 내려가도, 우리는 결코 우리의 감각을 벗어나지 못한다." 우리는 결코 우리 자신에게 상륙할 수 없다. 우리 자신의 감각적인 상상력을 통해서 다른 사람이 되지 못한다면 우리는 결코 타인이 될 수 없다. 진정한 풍경은 우리 자신이 만드는 것이다. 우리가 그 풍경의 신이므로, 우리는 그것이 진정 존재하는 대로, 다시 말해서 그것이 창조되었던 그대로 보기 때문이다. 나는 세상의 일곱 구역에는 관심이 없다. 내가 진정으로 볼 수 있는 것은 여덟 번째 구역이고, 그것은 바로 나의 것이다.

모든 바다를 항해한 자는 단지 단조로운 자기 자신을 항해했을 뿐이다. 나는 그 누구보다 많은 바다를 항해했다. 나는 지구에 존재하는 산보다 더 많은 산을 보았다. 나는 이미 이 세상의 도시들보다 더 많은 도시들을 지나갔다. 어떤 세상에도 존재하지 않는 거대한 강이 나의 사색하는 시선 아래로 순수하게 흘러갔다. 내가 만약 몸소 여행을 떠난다면, 나는 여행하기 전에 이미 보았던 것의 추한 복사판을 발견할 것이다.

타인들은 익명의 순례자들처럼 여러 나라를 방문한다. 내가 방문했던 나라에는 미지의 여행자가 느끼는 은밀한 기쁨만 있는 것이 아니라 그곳을 지배하는 왕의 위엄도 있다. 나는 그곳에 사는 백성이 되었고, 그 나라 및 다른 나라의 역사가 되기도 했다. 나는 그런 풍경과 그런 집을 보았다. 왜냐하면 내가 바로 나의 상상력이라는 물질로 하느님 안에서 창조된 그것들이었기 때문이다.

73(400)
다른 누군가를 유혹하고 싶듯이, 이동하기 위해서 여행하고 싶다는 생각이 든다. 세상의 모든 광활한 풍경이 깨어난 나의 상상력을 파도처럼 밀려오는 찬란한 지루함으로 가득 채운다. 나는 더 이상 움직이기를 원하지 않는 사람처럼 욕망의 밑그림을 그린다. 가능한 풍경이 미리 주는 피곤함이 마치 험악한 바람처럼 몰려와 정체된 나의 심장을 교란시킨다.

여행은 독서와 같고, 모든 것이 독서와 같은데……. 타인의 감정을 통해 나의 감정을 갱신하면서 나는 고대인들과 현대인들이 조용히 교제하는 박학한 인생을 꿈꾼다. 사색하는 자들과 거의 생각만 했던 자들, 요컨대 서로 맞서는 거의 모든 작가들의 모순적인 사고로 나 자신을 가득 채우면서 말이다. 그러나 탁자에서 아무 책이라도 집으면, 독서에 대한 나의 관심은 사라지고 만다. 그 책을 읽어야 한다는 실제의 사실이 나의 독서를 반대하는데……마찬가지로 우연히 배를 탈 수 있는 부두 근처에 가면 여행을 해야겠다는 생각이 사라진다. 그러면 나는 스스로 존재하지 않는 자가 되어 내가 확신하는 단 두 개의 부정명제로 돌아간다. 즉 미지의 행인 같은 나의 일상과 깨어 있는 자의 불면증 같은 나의 꿈으로 말이다.

모든 것이 독서와 같다.

하루하루 조용히 흘러가는 나의 일상을 정말로 중단시키는 어떤 것을 꿈꿀 수 있는 순간부터 나는 오직 나에게만 속한 요정에게 지루한 저항의 눈짓을 보낸다. 노래하는 법을 배웠다면 사이렌이 되었을 그 가난한 소녀에게 말이다.

74(60)

나는 불안감을 느꼈다. 불현듯 침묵이 중단되었다.

갑자기 한없는 하루가 강철처럼 조각났다. 나는 결이 매끄러운 나무에는 맞지 않는 발톱 같은 손을 탁자에 올려놓고 마치 짐승처럼 탁자 위로 몸을 숙인다. 무자비한 햇빛이 영혼 속으로 구석구석 파고든다. 그리고 근처 산에서 나는 소리가 심연의 질긴 베일을 고함 소리로 찢으면서 위에서 떨어진다. 나의 심장이 멈추었다. 나의 목구멍에서 두근두근 소리가 난다. 나의 마음은 오직 한 장의 종이 위에 있는 얼룩만을 알 뿐이다.

75(64)

일상의 시간표에 변화가 있을 때마다 영혼은 차가운 신선함으로, 다소 불편한 기쁨으로 가득 찬다. 날마다 6시에 사무실을 나가던 사람이 어느 날 5시에 나간다면, 그는 곧 마음의 휴가를 느낀다. 동시에 그는 무엇을 해야 할지 모르기 때문에 불쾌감과 비슷한 감정을 느낀다.

어제 사무실 밖에서 일이 있어서 나는 4시에 사무실을 나왔고, 5시에 서둘러 일을 끝냈다. 그 시간에 도로에 있는 것이 익숙하지 않았기 때문에 나는 다른 도시에 있었던 셈이다. 익숙한 상점들의 정면을 비추는 흐릿한 불빛은 지나친 달콤함이었고, 나의 도시와 나란히 서 있는 도시에서 행인들은 항상 내 옆을 지나갔다. 어제 저녁 배에서 내린 선원들처럼 말이다.

그 시각에 사무실 문은 아직도 열려 있었다. 나는 이미 작별 인사를 하고 나온 터라 내가 사무실에 다시 들어가자 다른 직원들이 놀라는 것은 당연했다. 사무실로 다시 온 건가? 그래, 다시 왔네. 그곳에서 나는 나와 함께 있었던 사람들 사이에서 자유로운 감각을 느끼고, 나의 정신만 빼고 모든 일을 나와 함께했던 사람들 사이에서 혼자임을 느낀다. 그것은 어떤 면에서는 마치 집에, 다시 말해서 감정을 느끼지 않는 그런 장소에 있는 것 같다.

76(80) 비오는 풍경
빗방울이 방울방울 흘러내릴 때, 나의 실패한 인생이 자연과 함께 눈물을 흘린다. 하염없이 떨어지는 빗방울 속에는, 그리고 돌풍 속에는 나에게 속한 불안한 무엇이 있다. 그날의 슬픔은 돌풍에 휩쓸려 헛되이 땅으로 떨어진다.

비가 그칠 줄 모르고 계속 내린다. 계속 빗소리를 듣고 있으니 나의 영혼이 점차 축축해진다. 너무 많은 비가……나의 살이 물로 변하자, 나의 살에 대한 감각의 가장자리가 축축해진다.

불안한 냉기가 나의 불쌍한 심장 주위에 얼음처럼 찬 손을 내민다. 잿빛 시간이 팔을 벌리고 […] 시간 안에서 단조로워진다. 그리고 순간이 질질 끌린다.

비가 끝도 없이 내리는구나!

하수구는 늘 새로운 작은 물살을 토해놓는다. 심지어 수도관을 따라 콸콸 쏟아지는 물소리조차 내 마음에 스며든다. 비는 게으르고도 애처롭게 유리창을 때린다 […].

차가운 손이 내 목을 졸라 삶을 호흡할 수 없도록 한다.

모든 것이 내 안에서 죽어간다. 내가 꿈을 꿀 수 있다는 인식마저도! 나는 어디에서도 평화를 찾을 수가 없다. 지금 내가 편하게 기대고 있는 부드러운 것에서도 나의 영혼은 뾰족한 날을 찾아낸다. 내가 응시하는 모든 시선이 점차 어두워진다. 고통 없이 죽기에 적당한 오늘의 희미한 빛이 그 시선을 때리기 때문이다.

77(111) 1932. 11. 2

안개일까, 연기일까? 땅에서 올라왔을까, 아니면 하늘에서 내려왔을까? 하강이나 발산이 아니라 공기가 앓는 병 같았다. 때때로 자연의 현실이라기보다는 시력에 장애가 생긴 것은 아닐까 하는 생각이 들었다.

그것이 무엇이든 모호한 불안감이 풍경을 가로질렀다. 그것은 망각과 느슨해진 마음 때문에 생긴 불안이었다. 마치 병든 태양의 침묵이 어느 불완전한 육신을 자신의 몸인 듯이 여기는 것과 같았다. 말하자면 무슨 일이라도 일어날 것 같았으며, 도처에 가시적인 세계를 베일처럼 덮는 직관이 있는 것 같았다.
　하늘을 덮고 있는 것이 구름인지 혹은 안개인지 알기는 어려웠다.
　그것은 여기저기를 가볍게 스치는 무딘 지루함이었다. 그것이 인공적인 분홍색이 되어 조각조각 부서지는 곳을 제외하면, 혹은 파란색이 되어 색이 칙칙해지는 곳을 제외하면, 그것은 묘하게도 누르스름한 회색이기도 했다. 그러나 그때 하늘이 본색을 드러낸 것이었는지 혹은 단지 파란색 층이 하늘을 덮고 있었던 것인지 말할 수는 없었다.
　아무것도 명확하지 않았고, 불명확한 것도 없었다. 그렇기 때문에 안개를 연기로 단정하고 싶은 마음이 생겼다. 안개가 안개처럼 보이지 않았기 때문이다. 혹은 그것이 무엇인지 모르기 때문에 안개인지 아니면 연기인지 묻고 싶은 마음이 생겼다. 심지어 공기의 따뜻한 기운조차 그런 의심을 부추겼다. 따뜻하지도, 춥지도, 시원하지도 않았다. 따뜻한 기운에서 더위가 아닌 다른 무엇이 제거된 듯했다. 마치 촉각과 시각이 동일한 감각을 감지하는 두 가지 방법인 것처럼 안개는 눈으로 보기에는 차갑지만 만져보면 따뜻한 듯했다. 안개가 끼어 있을 때, 나무의 윤곽이나 건물 모서리의 경계가 모호해지는 것은 진짜 안개 때문이 아니었다. 혹은 진짜 연기가 어렴풋이 드러나 시야가 흐릿해질 때도 마찬가지였다. 그것은 마치 모든 사물이 모든 감각에 모호한 낮의 그림자를 투사하는 것과 같았다. 그런 그림자를 만들 수 있었던 어떤 빛도 없이, 그렇게 눈으로 볼 수 있도록 그것이 투사되었던 어떤 표면도 없이 말이다.

그렇다고 그것은 눈으로 볼 수 있는 것도 아니었다. 그것은 마치 금방 눈에 띄려고 하는 어떤 것의 암시 같았는데(어디에서든 동일한 방식으로 나타난다), 마치 나타나기를 주저하다가 바야흐로 폭로되려고 했던 것 같았다.

그러면 어떤 감정이 있었던 것일까? 어떤 것이라도 감정을 느낄 수는 없었다. 마음은 머릿속에서 해체되고, 감정은 복잡해지고, 깨어 있는 존재감은 몽롱해지며, 진실처럼 바야흐로 나타나려는 결정적인 순간에 헛된 계시로 발전하는, 청각과 같은 영혼신앙적인 어떤 것이 있을 뿐이다. 결코 드러나지 않는 은폐의 쌍둥이 형제인 진실처럼 말이다.

나는 생각 안에 기억으로 자리잡은 수면의 욕망까지 물리쳤다. 첫 번째 하품조차 너무 많은 노력을 요구하는 것 같았기 때문이다. 보지 않은 것조차 눈을 상하게 한다. 영혼이 무기력한 거부감에 빠질 때 멀리 밖에서 들리는 소음만이 아직 존재하는 불가능한 세상이 된다.

아, 또다른 세상이여, 다른 사물이여, 그 사물을 느끼는 또다른 영혼이여, 그 영혼을 알 수 있는 또다른 생각이여! 모든 것을, 심지어는 지루함까지도 알 수 있는 생각이여! 그러나 영혼과 사물이 이렇게 고통 없이 희미하게 사라지는 것은, 이렇듯 모든 것에 침투한 불확실함의 푸르스름한 외로움은 모르리라!

78(160) (비)

마침내 따스한 아침의 차가운 빛이 밝게 빛나는 지붕의 어둠을 덮으며 마치 요한 묵시록의 고난처럼 나타난다. 또다시 점점 환해지는 거대한 밤인 것이다. 또다시 똑같은 공포인 것이다. 또다른 날, 인생과 거짓 이익과 헛된 활동인 것이다. 또다른 나의 육체적인 개성, 눈에 보이고 사회적이며, 아무 말도 하지 않는 말을 통해서 의사소통을 하고, 타인의 몸짓과 타인의 의식을 통해서 이용할 수 있는 나의 개성인 것이다. 나는 내가 아닌 것처럼 다시 내가 된다. 덧창의 틈새를 잿빛 의혹으로 가득 채우는 어두운 빛이 비치기 시작하자(그러므로 밀폐된 존재와 얼마나 거리가 먼가), 나는 더 이상 침대에 누운 채 나의 은신처에 머물 수 없으리라는 느낌에 휩싸이기 시작한다. 잠을 잘 수 있는 동안에도 잠을 이루지 못할 것임을, 세탁한 침대 시트의 상쾌한 온기와 비인식 사이에 진실 혹은 현실이 있음을 알지 못한 채 꿈을 꾸리라는 것을 감지하기 시작한다. 편안한 느낌이나 나의 육신의 존재감은 별도로 하고 말이다. 나의 행복한 무의식이 내게서 사라지고 있음을 나는 느끼기 시작한다. 나는 그것을 통해서 나의 의식과, 게으른 동물처럼 나른하게 졸고 햇볕을 쬐는 고양이처럼 눈꺼풀을 감는 방법과, 연결되지 않은 나의 상상력의 논리적인 움직임을 즐긴다. 어스름의 특권이, 얼핏 보이는 속눈썹 아래로 느리게 흘러가는 강물이, 나의 귓속에서 느리게 두드리는 혈관의 소음과 집요하게 내리는 약한 비 사이에서 길을 잃은 폭포 소리가 내게서 사라지고 있음을 느끼기 시작한다. 나는 살아 있는 인생에서 서서히 나 자신을 잃는다.

내가 지금 잠을 자는 것인지 아니면 반대로 잠자고 있다고 느낄 뿐인지 모르겠다. 나는 정확히 이 막간의 시간에 꿈을 꾸고 있지는 않다. 그러나 마치 잠자지 않은 잠에서 깨어나기 시작한 듯이 나는 하느님께서 만드신 거리가 있는 저 아래에서, 불확실한 곳에서 밀려오는 조수처럼 올라오는 번잡한 도시 생활의 첫 소음을 감지한다. 지금 떨어지거나, 혹은 지금 소리가 들리지 않는 것으로 보아 아마도 떨어졌을 비의 슬픔이 배어든 유쾌한 소음……(아주 먼 곳에서 부서진 빛과, 망설이는 밝음을 통해서 드러난 그림자에서 보이는 과도한 회색에서 나는 지금 시각이 몇 시이든, 아침 이 시간인데 이상하게도 날이 어둡다고 말할 수 있다). 그것은 드문드문 산만하게 들리는 유쾌한 소음이며, 마치 나를 시험이나 재판 집행에 호출하는 소리라도 되는 양 그 소리는 나의 의식에 상처를 남긴다. 날마다 미처 인식하지도 못한 채 침대에 누워서 새벽의 소리를 들노라니 그 모든 날이 내 인생에서 중요한 사건이 일어나는 하루처럼 보이며, 내게는 그것에 맞설 용기가 없을 듯하다. 도로와 골목길로 침구를 뿌리면서 그림자 밑에서 올라오는 그 모든 날들은 나를 재판에 소환하러 온다. 나는 날마다 되풀이되는 오늘 재판을 받을 것이다. 그리고 내 안에서 영원히 유죄를 선고받은 사내는 잃어버린 어머니인 듯이 침대를 움켜쥔다. 그리고 유모가 낯선 사람들로부터 그것을 지키는 것처럼 베개를 쓰다듬는다.

나무 그늘 아래에서 커다란 짐승이 행복하게 취하는 휴식, 키 큰 잡초 사이를 상쾌한 기분으로 지나가는 방랑자의 피곤, 멀고 먼 따스한 오후에 꾸벅꾸벅 졸고 있는 흑인, 피곤한 눈을 감기는 달콤한 하품, 그 모든 것이 잠을 선사하면서 망각을 부추긴다. 그리하여 영혼의 덧문을 천천히 닫으면서, 머리에 평온한 휴식과 잠을 재우기 위한 익명의 애무를 부추긴다.

잠자기, 멀리 떨어져 있으나 그것을 깨닫지 못하는 것, 몸을 눕히기, 자신의 육신을 망각하기, 무의식의 자유를 즐기기. 무의식, 멀리 떨어진 넓은 숲, 잎이 무성한 나무들 사이에 잊힌, 활기 없는 호수의 피난처.

외부에서 보면 오직 호흡만 하고 있는 듯이 보이는 무(無). 대수롭지 않은 하나의 죽음(그것에서 보통 사람들은 향수를 느끼며 새로운 기분으로 깨어난다), 망각의 의상에 맞게 영혼의 천을 굴복시키기.

아, 설득되지 않은 자의 혁신적인 항의처럼 나는 점차 밝아오는 세계를 흠뻑 적시는 갑작스러운 빗소리를 또다시 듣는다. 나는 마치 두려운 양 나의 가상의 **뼛속** 깊이 추위를 느낀다. 아직 내게 남은 미약한 어둠 속에서 몸을 웅크리고 있는 외로운 인간인 나는 홀로 눈물을 흘린다. 그래, 나는 나의 고독과 인생을 위해서 눈물을 흘린다. 마치 바퀴 없는 자동차처럼 쓸모없고, 여기저기 똥이 떨어진 현실의 가장자리에 버려진 채 놓여 있는 나의 고통을 위해서 눈물을 흘린다. 나는 모든 것을 위해서 눈물을 흘린다. 내가 앉곤 했던 무릎의 상실 때문에, 내게 뻗은 누군가의 손의 죽음 때문에, 나를 포옹할 수 없었던 두 팔 때문에, 내가 결코 가질 수 없을 어깨 때문에 나는 눈물을 흘린다. 결국 떠오르는 하루, 하루의 생생한 진실처럼 내게 솟아나는 고통, 내가 꿈꾸었던 것, 내가 생각했던 것, 나 자신 속에서 망각된 것. 이 모든 것은 그림자와 허구와 회한이 교착하는 가운데 세상이 도는 궤도 안으로 혼합되며, 개구쟁이들이 훔쳐내어 길모퉁이에서 먹어버린 포도송이 모양의 해골 같은 인생의 파편 속으로 떨어진다.

종소리가 기도하라며 사람들을 부르듯이 인간의 하루를 알리는 소음이 갑자기 커진다. 나는 실내에서 세상을 향해 여는 첫 번째 문이 부드럽게 닫히는 소리가 마치 폭탄이 터지는 소리인 듯이 듣고 있다. 나의 심장으로 이끄는 어리석은 복도를 걸어가는 슬리퍼의 소리를 나는 듣고 있다. 마침내 자살하기로 결심한 사람처럼 나는 경직된 내 몸을 덮고 있던 무거운 이불을 돌연 걷어올린다. 나는 잠을 깼다. 바깥 어딘가에서 빗소리가 잦아들고 있다. 나는 더 행복한 느낌이 든다. 나는 알 수 없는 어떤 행동을 했다. 나는 몸을 일으켜 창가로 가서 대담한 결심을 한 사람처럼 덧문을 연다. 나의 두 눈을 희미한 빛에 빠지게 하는 깨끗한 비의 하루가 환히 빛난다. 나는 창문까지 연다. 상쾌한 공기가 뜨거운 나의 피부를 촉촉하게 적신다. 비가 온다. 그렇다. 그러나 모든 것이 똑같아도, 결국 그것이 어떻다는 말인가! 나는 원기를 회복하고 싶고, 살고 싶다. 그리하여 나는 거대한 멍에를 메듯이 인생에 내 목을 구부려넣는다.

79(93) 1932. 5. 31
나는 넓은 들판이나 커다란 정원이 아니라 도시의 작은 광장에서 드문드문 자라는 작은 나무에서 봄을 본다. 이 나무에서 초록은 마치 선물 같아 보이며, 선량한 슬픔처럼 유쾌하다.

　나는 차가 많이 다니지 않는 한산한 도로들 사이에 있는 한적한 광장을 좋아한다. 차량이 없을 때면 이 도로도 광장이 된다. 그 작은 광장은 시끄러운 먼 도로들 사이에서 대기하고 있는 불필요한 오솔길 같기도 하다. 그것들은 도시의 중심에서 살아남은 전원생활의 잔존물이다. 나는 광장으로 통하는 도로 중 하나를 통과한 다음, 그 광장을 다시 보기 위해서 도로를 되돌아간다. 다른 쪽에서 보면 광장은 다른 모습이다. 그러나 동일한 평화가 내가 이전에 보지 못했던 부분을 예기치 않은 향수(해질 녘 석양)로 물들인다. 모든 것이 내가 감각하는 것처럼 헛되다. 나는 내가 살아왔던 삶을 어쩌다 귓전에 들린 이야기처럼 망각했다. 그리고 미래의 나의 삶을 나는 기억하지 못한다. 마치 내가 이미 그 삶을 살고 나서 망각했듯이 말이다.

　미약한 고통을 주는 일몰이 내 주위를 모호하게 맴돌고 있다. 모든 것이 차가워진다. 정말로 차가워서 그런 것이 아니라 내가 좁은 골목으로 들어가서 광장이 끝났기 때문이다.

80(54)
마지막 비가 남쪽에 내리고 그 비를 쓸어낸 바람만 남은 뒤부터 도시에는 다시 환하게 햇빛이 비친다. 그러자 저택의 높은 창에 장대를 고정시켜 만들어놓은 빨랫줄에서 펄럭이는 하얀 시트들이 눈에 들어온다.

나 또한 내가 존재한다는 것만으로도 행복하다. 나는 제시간에 사무실에 도착하겠다는 큰 목적을 품고 집을 나섰다. 그러나 오늘 나의 생명의 원동력은 지표면의 위도와 경도에 따라서 정해진 시간에 태양이 떠오르게 하는 또다른 훌륭한 원동력과 결합한다. 나는 불행하다고 느낄 수 없었기 때문에 행복하다고 느꼈다. 나는 확신에 차서 편안한 마음으로 도로를 걸었다. 왜냐하면 익숙한 사무실과, 그곳에서 일하는 익숙한 사람들 자체가 확신이었기 때문이다. 무엇 때문인지는 알 수 없지만, 내가 자유롭다고 느낀다고 해서 놀랄 것은 없다. 프라타 거리의 보도를 따라 놓여 있는 바구니 속의 팔려고 내놓은 바나나가 햇빛을 받으니 멋진 노란색이 되었다.

결국 나는 사소한 것에 만족한다. 이를테면 비가 그쳤다는 사실, 이 행복한 남쪽에 훌륭한 태양이 있다는 사실, 검은 점이 박혀 있기 때문에 더욱 노란 바나나, 바나나를 팔며 이야기를 하는 사람들, 프라타 거리의 보도, 우주의 주택가 모퉁이를 넘어 초록과 금빛으로 물든 푸른 타구스 강이 있기 때문이다.

이 모든 것을 더 이상 볼 수 없게 될 날이 올 것이다. 그날이 되면 길가의 바나나와 그 바나나를 팔던 부지런한 과일 장수의 목소리와, 배달원이 보도의 모퉁이마다 놓아두었던 오늘의 신문은 내가 없어도 계속 존재할 것이다. 똑같은 바나나는 아닐 터이고, 과일 장수도 똑같은 사람은 아닐 것이며, 신문 역시 오늘과는 다른 날짜가 인쇄되어 있을 것이다. 그것들은 살아 있는 것이 아니기 때문에 형태가 변할지라도 똑같이 남을 것이다. 그러나 나는 살아 있기 때문에 내가 동일한 사람일지라도 나는 지나갈 것이다.

나는 바나나를 사면서 이 시간을 신성하게 만들 수 있다. 어디에서 오는지 알 수 없는 조명처럼 하루의 모든 햇볕이 그 바나나에 내리쬐었기 때문인 것 같다. 그러나 나는 길거리에서 물건을 사는 것이나, 의식을 행하는 것, 상징적인 행동을 하는 것이 부끄럽다. 바나나의 포장이 제대로 되어 있지 않았을 수도 있다. 또한 내가 마땅히 사야 할 모습 그대로 구매할 수 없었기 때문에 마땅히 팔아야 할 모습 그대로 내게 판 것이 아닐 수도 있다. 내가 바나나 값을 물어볼 때, 누군가는 내 목소리가 이상하다는 사실을 눈치챘을 것이다. 태양이 떠 있고, 팔아야 할 바나나가 있는 한, 감히 살아가기보다는 글을 쓰는 편이 더 나을 것이다. 산다는 것은 햇볕이 내리쬔 바나나를 사는 것일 뿐이지만 말이다.

나중에, 어쩌면……그래, 나중에……또다른 사람이, 아마……나도 모르겠다…….

81(174) 1933. 3. 29

내가 어쩌다 혼자 사무실에 있게 되었는지(나는 그 사실을 갑자기 깨닫는다) 모르겠다. 나는 벌써 모호하게나마 그 사실을 감지하고 있었다. 나는 의식의 어느 한 부분에서 깊은 안도감을 느꼈고, 양쪽 폐가 더욱 자유롭게 호흡하는 것을 느꼈다.

평소에 사람들이 많고 떠들썩하거나, 우리의 것이 아닌 집에서 혼자 있는 우리를 발견하는 것은 우연한 만남과 부재가 우리에게 줄 수 있는 더욱 기묘한 감각 중의 하나이다. 우리는 갑자기 그곳의 절대 권력자가 된 듯하고, 쉽고 관대한 지배력을 가진 듯하며, 평화와 위로와 넉넉함(내가 말한 것처럼)을 느낀다.

느긋한 마음으로 혼자 있는 것이 얼마나 좋은가! 우리 자신과 큰 소리로 이야기할 수 있고, 남들의 시선에 아랑곳하지 않고 산책할 수 있고, 의자에 몸을 기댄 채 중단 없이 공상을 즐길 수 있지 않은가! 모든 집은 초원이 되고, 모든 방은 농장처럼 넓어진다.

모든 소음은 가깝지만 나와 무관한 세계에 속하는 양 다른 곳에서 들리는 것 같다. 드디어 우리는 왕이 된다. 결국 우리는 모두 그것을 열망한다. 어쩌면 우리 서민들이 주머니에 가짜 황금을 가진 자들보다 더 그것을 열망할지도 모른다. 우리는 우주에 잠시 머무는 하숙생이며, 결핍도 걱정도 없이 우리에게 허락된 일상의 수입에 적응하며 살아간다.

아, 그런데 계단을 오르는 발걸음 소리가 들린다. 누구인지는 알 수 없으나, 누군가가 나의 즐거운 고독을 깰 것이다. 선언하지 않은 나의 제국은 야만인들의 침입을 받을 것이다. 발걸음 소리가 누구의 것인지 나는 알지 못하고, 누가 올라오고 있는지도 기억나지 않는다. 그러나 계단을 오르는 그 자가 이 방으로 직행하고 있다고 내 영혼의 둔한 본능이 내게 말한다

(지금은 그저 발걸음 소리로만 존재를 알리고 있다). 내가 계단을 오르는 그 자를 생각하자 갑자기 그가 내 눈앞에 보인다. 사실 그는 사무실 직원 중의 한 명이다. 그가 걸음을 멈추자, 문이 열리는 소리가 들리고, 그가 안으로 들어온다. 이제 나는 그를 바라본다. 안으로 들어오면서 그가 내게 말한다. "소아레스 씨, 여기 혼자 계세요?" "네, 늘 그렇죠, 뭐……." 그러자 그는 재킷을 벗는 동안 옷걸이에 걸린 낡은 재킷에 눈길을 주면서 말한다. "여기 혼자 계시다니, 정말 따분하시겠어요, 소아레스 씨. 더구나……." "오, 그래요. 정말 따분하지요" 하고 내가 대답한다. "잠만 자고 싶다니까요." 그는 낡은 재킷을 입고 그의 책상으로 가면서 말한다. "정말 그래요." 나는 미소를 지으며 맞장구를 친다. 이윽고 잊고 있던 펜을 향해 손을 뻗으며 나는 평범한 인생의 익명의 활력 속으로 돌아온다.

82(176)

때때로 나는 헛된 사색에 잠겨 강가를 따라 위치한 파수 광장에서 몇 시간을 보낸다. 나의 조급한 마음은 그 조용한 곳을 얼른 벗어나려고 하지만, 나의 관성(慣性)이 나를 그곳에 계속 붙잡아둔다. 바람의 속삭임이 인간의 목소리와 유사하듯 관능과도 같은 육체적인 마비 상태에 빠진 나는 계속 불안정한 나의 실현 불가능한 갈망과 헛된 욕망에 대해서 눈을 감고 조용히 생각한다. 나를 가장 고통스럽게 하는 것은 고통을 수용할 수 있는 병이다. 내게는 내가 원하지 않는 것이 없다. 그러므로 나는 그것이 정확히 말해서 고통이 아니라는 사실 때문에 고통스럽다.

부두, 저녁, 고약한 짠 내, 모든 것이 나의 고통의 일부가 된다. 현실에 없는 양치기의 피리 소리는, 여기에 피리가 없으며, 바로 그것 때문에 내게 피리 소리를 일깨운다는 사실보다 감미롭지 않다.

나의 내면의 감정과 비슷한 이 시간 작은 시냇물 옆 멀리 떨어진 전원생활은 내게 상처를 준다.

83(136) 1933. 8. 29

도시에서도 조용한 시골에서와 같은 순간이 있다. 특히 한여름 날 정오 무렵이면, 시골은 마치 바람처럼 이 눈부신 리스본을 침입한다. 그러면 바로 이 도라도레스 거리에서도 우리는 조용한 잠을 즐긴다.

높이 솟은 조용한 태양 아래에서 짚을 실은 이 수레와, 이 텅 빈 상자와, 어느 마을에서 도착하여 느릿느릿 걷는 이 행인들의 침묵을 관찰하는 것이 얼마나 즐거운가! 나만 홀로 남아 있는 이 사무실 창가에 얼굴을 내밀고 바라보는 동안 나 또한 이동한다. 나는 시골의 조용한 시내나 가본 적 없는 작은 마을에 있다. 그리고 내가 타인임을 느끼기 때문에 나는 행복하다.

눈을 들면 눈앞에 주택가의 지저분한 윤곽과, 바이샤 지구에 위치한 모든 사무실의 더러운 유리창과, 아파트 꼭대기 층의 텅 빈 유리창이 보인다는 것을 나는 알고 있다. 또한 그것들 위로 다락방 창문 주위의 화분과 식물 사이에 말리려고 널어둔 옷가지가 있다는 것도 알고 있다. 그러나 이 모든 것을 금빛으로 물들이는 햇빛이 너무나 부드럽고, 나를 둘러싼 조용한 공기가 너무나 공허해도, 나에게는 나의 거짓 마을과 시장이 곧 평화인 시골의 이 조용한 읍내를 포기해야 할 시각적인 이유가 전혀 없다.

나는 알고 있다. 나는 알고 있다……. 사실 그때는 점심시간이거나 쉬는 시간이거나 잠깐의 휴식시간이었다. 삶의 표면에서 모든 것은 순조롭다. 새로운 풍경이 펼쳐지는 배의 난간에 있는 양 발코니에서 얼굴을 내밀고 있지만, 나는 잠을 자고 있다. 내가 마치 시골에 있는 듯이 나는 모든 고통스러운 생각을 내본다. 그런데 갑자기 뭔가 새로운 것이 나를 감싸안더니 내게 이렇게 명령한다. 그리하여 오후가 되자, 나는 읍내의 모든 것에서 완전한 삶을 본다. 나는 가정생활의 어리석지만 큰 행복을, 시골생활의 어리석지만 큰 행복을, 무가치(無價値) 속에서 느끼는 평화의 어리석지만 큰 행복을 본다. 내가 그것을 보기 때문에 나는 그것을 본다. 그러나 나는 더 이상 보지 못하고 잠에서 깨어난다. 나는 미소를 지으며 주위를 바라본다. 그리고 나는 우선 내 옷소매(불행히도 진한 색이다)에 묻은 창턱의 먼지를 턴다. 그것이 어느 날엔가 비록 잠깐이지만 끝없는 여행을 하는 배의 깨끗한 난간이 될 수도 있다는 사실을 아무도 몰랐기 때문에 누구도 그 창턱을 청소할 생각이 없었던 것이다.

84(147) 1932. 7. 2

산뜻하고 완벽한 하루이지만, 햇볕이 쨍쨍한 공기가 무겁다. 다가올 폭풍우가 야기한 긴장감도, 의지가 부족한 육체의 불쾌감도, 푸른 하늘의 막연한 둔함도 아니다. 그것은 한가한 시간의 암시에 민감하게 반응하는 무기력이며, 꾸벅꾸벅 조는 볼을 가볍게 스치는 깃털 같은 것이다. 한여름이지만, 봄 같다. 시골은 시골을 좋아하지 않는 사람도 유혹하는 것 같다.

내가 만일 타인이 된다면, 오늘은 행복한 하루가 될 것 같다. 왜냐하면 그것을 생각하지 않고 단지 느끼기 때문이다. 나는 다가올 기쁨을 미리 맛보며 내 업무를 끝낼 것이다. 날마다 반복되는 비정상적인 업무를 말이다. 나는 친구들과 약속을 잡은 다음 벤피카로 가는 전차를 탈 것이다. 우리는 한창 노을이 질 때 야외에서 저녁식사를 할 것이다. 우리가 느끼는 행복은 풍경의 일부가 될 것이고, 우리를 바라보는 사람들 모두 그것을 이해할 것이다.

그러나 나는 나이기 때문에 내가 타인이라고 상상하는 빈약한 기쁨을 조금이나마 쥐어짜고 있다. 그렇다. 나중에 그-나는 포도 덩굴 아래나 나무 아래에서 평소의 양보다 곱절로 먹을 것이고, 나의 주량의 곱절을 마실 것이며, 내가 상상할 수 있는 것의 곱절로 웃을 것이다. 조만간 그가 될 것이나, 지금은 나이다. 그렇다, 잠깐 동안 나는 타인이 되었다. 그 타인 속에서 셔츠만 입은 동물처럼 존재할 때 느끼는 초라하면서도 인간적인 기쁨을 보았고, 그 사람으로 살았다. 이 세상에서 그런 꿈을 꾸게 했다니 정말 위대한 하루가 아닌가! 하늘은 온통 푸르고, 날씨 좋은 날에 산책을 나간 건강한 직원이 되는 나의 덧없는 꿈처럼 숭고하다.

85(97)
마지막 별이 아침 하늘에 창백한 빛을 띠다가 사라지고, 낮게 흐르는 얼마 되지 않는 구름 위로 간신히 오렌지 빛이 나는 노란 빛이 비칠 때 미풍이 가볍고 불고 나니, 잠을 이루지 못했던 나는 드디어 간밤에 우주를 상상했던 침대에서 아무것도 하지 않아 피곤한 나의 육신을 천천히 일으킬 수 있었다.

밤새도록 감지 못해서 벌겋게 충혈된 눈으로 나는 창밖을 내다보았다. 햇빛 가득한 지붕들 위로 흐릿한 노란 빛이 갖가지 모양을 만들어내고 있었다. 나는 잠이 부족한 탓에 멍한 표정으로 이 모든 것을 응시하며 서 있었다. 높은 집들이 수직으로 운집한 윤곽 위로 비친 노란 빛은 공기 같았으며, 간신히 감지할 수 있었다. 줄곧 쳐다보고 있던 서쪽 하늘에서 수평선은 이제 초록빛을 띤 흰색이 되었다.

오늘 하루가 마치 이해할 수 없는 사실처럼 나를 압박할 것이다. 오늘 내가 하는 모든 행동은 잠을 이루지 못했기 때문에 느끼는 피곤함 때문이 아니라 나를 뒤쫓던 불면증 때문일 것이다. 나는 잠을 이루지 못했기 때문이 아니라 잠을 이룰 수 없었기 때문에 몽유병자 같은 상태가 평소보다 더 심할 것이고, 더욱 두드러질 것이다.

어떤 날들은 내게 인생에 대한 새로운 해석을, 즉 내 인생의 운명을 기록한 책에서 예리한 비판을 빼곡히 써놓은 여백의 글씨를 새롭게 해석해보라고 제안하는 철학자 같기도 하다. 오늘은 바로 그런 날 중의 하루라고 나는 느낀다. 나의 무거운 눈과 텅 빈 머리가 마치 정신 나간 연필처럼 심오하나 쓸데없는 비평을 쓰고 있는 듯하다는 어리석은 생각이 든다.

86(138)

그것은 평범한 석판화이다. 나는 그것을 보는 줄도 모른 채 쳐다본다. 진열창에는 그것 외에 다른 것들도 있다. 그것은 층계참의 진열대 중앙에 있다.

그녀는 가슴에 봄꽃을 안고 있으며, 슬픈 눈으로 나를 쳐다본다. 그녀의 미소는 광택지의 윤기만큼 빛나고, 그녀의 뺨에는 붉은색 볼터치가 되어 있다. 그녀 뒤의 하늘은 밝은 하늘색이다. 입술은 그린 듯이 얇고 작았으며, 그림엽서에 적당한 자세를 취한 채 눈에는 큰 슬픔을 담고 줄곧 나를 응시한다. 꽃을 든 팔을 보니 누군가의 팔이 떠오른다. 원피스 혹은 블라우스의 네크라인이 한쪽으로 조금 벌어져 있다. 정말 슬픈 눈이다. 그 눈이 석판화된 현실의 배경에서 확고한 진실을 담고 나를 응시한다. 그녀는 봄과 함께 왔다. 그녀의 슬픈 눈은 크지만, 그렇기 때문에 슬픈 것은 아니다. 내가 성큼성큼 걷자 그 눈이 내게서 멀어진다. 도로를 건너고 난 뒤, 나는 무기력한 저항을 보이며 뒤를 돌아본다. 그녀는 사람들이 쥐어준 꽃을 아직도 들고 있다. 그녀의 눈은 내 인생에 없는 모든 것의 슬픔을 반영한다. 멀리서 보니 석판화의 색이 더욱 다채롭게 보인다. 여자는 분홍색 리본을 머리 위에 묶고 있다. 아까는 보지 못했던 것이다. 비록 석판화이지만, 인간적인 그 눈에는 뭔가 끔찍한 것이 있다. 의식의 존재를 필연적으로 증명하고 있고, 그 눈에도 영혼이 있다는 것을 소리 없이 외치고 있다. 나는 무진 애를 써서 몽환의 세계에 빠져 있던 나를 일으켜 세운 다음, 마치 개처럼 안개의 축축한 어둠을 털어낸다. 내가 깨어나 다른 어떤 것으로부터 작별 인사를 하는 동안 인생의 모든 슬픔을 표현하는 그 슬픈 눈이, 우리가 멀리서 사색하는 이 형이상학적인 석판화 속의 그 슬픈 눈이 내가 마치 하느님을 알고 있기라도 한 듯이 나를 응시한다. 판화 하단에는 달력이 있다. 폭이 넓고, 검은색이지만 색을 잘못 칠한, 2개의 볼록한 선이 판화 위쪽과 아래쪽을 둘러싸고 있다. 위쪽과 아래쪽의 경계선 사이, 어쩔 수 없이 1월 1일을 가리는 글자가 저속한 만화와 1929년 위에서 슬픈 눈이 조롱하는 듯이 내게 미소를 짓는다.

나는 그 그림을 이미 본 적이 있는데, 흥미로운 점은 그것을 본 장소이다. 사무실 안쪽 벽에 똑같은 달력이 있는데, 나는 그것을 여러 번 본 적이 있다. 그러나 나의 불가사의한 비밀 때문인지 혹은 석판화의 비밀 때문인지, 사무실에 있는 그 판화는 눈빛이 슬프지 않다. 그것은 단지 석판화일 뿐이다. 왼손잡이 사무원인 알베스의 머리 위에서 지루한 인생을 잠을 자며 보내는 광택지에 인쇄된 그림일 뿐이다.

나는 이 모든 것을 그냥 웃어넘기고 싶지만, 몹시 불쾌한 느낌이 든다. 나는 영혼의 갑작스러운 병 때문에 한기를 느낀다. 나는 이러한 불합리에 저항할 힘이 없다. 나는 지금 나도 모르는 사이에 어떤 창문으로, 하느님의 어떤 비밀로 얼굴을 내밀고 있는 것일까? 계단 층계참의 창문은 무엇을 바라보고 있을까? 석판에서 나를 응시하는 것은 어떤 눈일까? 나는 몸이 바르르 떨릴 지경이다. 나는 진짜 석판화가 걸린 사무실의 먼 벽을 마지못해 쳐다본다. 나는 계속 눈을 들어 쳐다본다.

87(140) 1930. 3. 24

나는 카에이루(알베르투 카에이루[Alberto Caeiro]. 페소아의 수많은 이명[異名] 중의 하나이고, 『양치는 목동』의 저자. 페소아는 그를 모든 이명의 스승으로 생각했다고 한다/역주)의 소박한 시를, 그가 사는 마을의 왜소함에 대한 너무나 자연스러운 보고서를 순종하는 마음으로 다시 읽는다. 그렇게 시를 읽음으로써 영감을 얻고 해방되는 듯한 느낌을 받으면서 말이다.

카에이루에 따르면, 그 마을은 크기가 작기 때문에 도시에서보다 더 많은 세상을 볼 수 있으며, 그렇기 때문에 그 마을이 도시보다 더 크다고 한다.

나는 무엇이든 내가 보는 것과 크기가 같다.
나의 키에 속박되지 않기 때문이다.

무의식적으로 떠오른 듯이 보이는 이와 같은 문장들은 내가 무의식적으로 삶에 덧붙이는 형이상학의 독성을 깨끗이 씻어낸다. 시를 읽은 다음, 나는 좁은 골목을 마주하고 있는 내 방 창문으로 걸어가서 넓은 하늘과 수많은 별들을 바라본다. 빛나는 자유의 날개의 펄럭임이 내 몸 전체를 흔들어댄다.

"나는 무엇이든 내가 보는 것과 크기가 같다!" 온 정신을 집중하여 이 문장을 생각하면, 이 문장은 새로운 별자리가 가득한 하늘을 볼 수 있는 능력을 내게 주는 듯하다. "나는 무엇이든 내가 보는 것과 크기가 같다!" 심오한 감동의 우물에서 나온 위대한 정신의 힘이 우물에 반사된, 그러므로 어떤 의미에서 보면 그 우물이 포함하고 있는 별들에 도달한다.

이때 볼 수 있다는 것을 의식한 나는 확신을 가지고 모든 하늘의 넓고 객관적인 형이상학을 바라본다. 그 확신이라면 나는 노래하면서 죽고 싶다는 마음이 생길 수도 있다. "나는 무엇이든 내가 보는 것과 크기가 같다!" 완벽하게 나의 것인 희미한 달빛이 수평선의 검게 물이 든 파란색을 애매하게 부수기 시작한다.

나는 두 팔을 올리고 야만을 모르는 사물을 소리쳐 외치고 싶고, 숭고한 비밀을 털어놓고 싶고, 텅 빈 물질의 넓은 공간에 새롭게 확장된 개성을 선언하고 싶다.

그러나 나는 자제하고 마음을 가라앉힌다. "나는 무엇이든 내가 보는 것과 크기가 같다!" 문장은 아직도 나의 영혼 전체를 채우고, 나는 그것에 기초하여 모든 감정을 느낀다. 그러자 조금씩 비치기 시작하는 차가운 달빛이 밤이 시작되면서 내 몸 위로, 내 안으로 퍼져서 내려온다. 달빛이 외부에서 도시 위를 비추는 것처럼 말이다.

88(146)

내가 드러누운 이 단조롭고 변화 없는 나의 인생의, 절대 변하지 않은 표면에 붙은 먼지나 얼룩처럼 남아 있는 나의 인생의 이 계속되는 무기력이 내게는 마치 청결함의 부족처럼 보인다.

우리가 우리의 몸을 씻듯이 우리는 운명을 씻어야 하고, 옷을 갈아입듯이 인생을 바꾸어야 한다. 음식을 섭취하거나 잠을 자는 것처럼 생명을 지탱하기 위해서가 아니라 우리 자신에 대한 공평무사한 존중을 위해서, 정확히 말해 청결함이라고 부를 수 있는 것을 위해서 말이다.

청결함의 부족이 의지에 따른 행위가 아니라 어깨를 지적으로 으쓱하는 것이라고 생각하는 사람들이 많다. 쓸쓸하고 단조로운 인생이 의지의 한 형태이거나, 자신들이 원하지 않았던 것에 자연스럽게 순응한 것이 아니라 자신들에 대한 이해를 배제한 것이고, 이해력에 대한 습관적인 조롱이라고 생각하는 사람들도 있다.

자신의 불결함을 혐오하는 지저분한 사람들이 있지만, 그들은 극한이 주는 매력 때문에 그것에서 멀리 떨어지지 않는다. 그것 때문에 두려움을 느끼는 사람도 위험의 길에서 벗어나지 않는다. 나처럼 운명적으로 지저분한 사람들도 있지만, 그들은 자신들의 무기력으로 인해서 느끼는 그와 같은 매력 때문에 진부한 일상에서 벗어나지 못한다. 그들은 뱀이 없다는 사실에 매혹된 새들 같다. 카멜레온의 찐득한 혀에 도달할 때까지 나뭇가지 위를 맹목적으로 날아다니는 파리들 같다.

그러므로 나는 습관이라는 나의 나뭇가지 위에서 날마다 나의 의식적인 무의식을 천천히 산책시킨다. 그러므로 나는, 나를 기다리지 않고 빠르게 걸어가는 나의 운명과, 나는 전진하지 않는데 전진하는 나의 시간을 산책시킨다. 단조로움에서 벗어나는 유일한 방법은 그것에 관해서 이렇게 짤막하게 기록하는 것이다. 나의 독방의 쇠창살 뒤에 유리창이 있는 것으로도 나는 족하다. 그리하여 나는 유리창 위에, 어쩔 수 없이 생기는 먼지 위에 나의 이름을 대문자로 쓰고, 죽음과 체결한 계약서에 날마다 서명을 한다.

죽음과 체결한 계약서라고 말했던가? 아니다, 죽음조차도 아니다. 나처럼 사는 사람은 죽지 못한다. 그는 최후에 이르러, 시들다가, 식물처럼 생장을 멈춘다. 그가 머물던 장소는 그가 그곳에 있지 않은 채로 남고, 그가 걷던 거리는 그가 그곳에서 보이지 않은 채로 남으며, 그가 살았던 집은 그가 아닌 사람이 차지한다. 그것이 전부이며, 우리는 그것을 무(無)라고 부른다. 그러나 이와 같은 부정의 비극은 박수갈채를 받으며 상영될 수 없다. 왜냐하면 우리는 그것이 무인지 확실하게 모르기 때문이다. 우리의 인생이 식물성이듯이 우리의 진실도 식물성이다. 우리는 유리창 안과 밖에 낀 먼지이며, 운명의 손자들이고, 우리의 친부인 혼돈이 죽자 과부로 남은 영원한 밤과 결혼한 하느님의 의붓자식들이다.

89(149)

후각은 특이한 시각이나 마찬가지이다. 그것은 잠재의식의 돌연한 밑그림을 통해서 감각의 풍경을 불러일으킨다. 나는 자주 이런 현상을 느꼈다. 나는 길을 걷는다. 나는 아무것도 보지 않거나, 혹은 모든 것을 바라보고, 모두가 보는 것처럼 본다. 나는 거리를 걸을 수 있지만, 그 길 양편이 인간 존재가 지은 다양한 집들을 포함하고 있다는 사실은 알지 못한다. 나는 길을 걷는다. 어느 빵집에서 빵 굽는 냄새가 나고, 그 달착지근한 냄새 때문에 구역질이 난다. 그리고 나의 유년기가 머나먼 지역에서 나타나고, 또다른 빵집이 우리 모두가 잃어버린 요정의 왕국에서 내 앞에 나타난다. 나는 길을 걷는다. 갑자기 작은 상점의 기울어진 간판대에서 과일 향기가 난다. 언제, 어디인지 모르지만, 나는 잠시 시골에서 산 적이 있다. 그 시기에는 나무가 자라고 있었고, 명백히 어린아이였던 나의 마음은 평화로웠다. 나는 길을 걷는다. 뜻하지 않게 상자를 만드는 사람이 만든 나무틀 냄새가 나를 압도한다. 오, 세사리우, 당신이 내 앞에 나타난다. 문학이나 마찬가지인 유일한 진실에 내가 기억을 통해서 돌아왔으므로, 마침내 나는 행복하다.

90(121)

나는 타인에게 이해를 받는 것을 늘 거부했다. 이해를 받는 것은 자기 몸을 파는 것을 의미한다. 나는 내가 존재하지 않는 것 때문에 진지하게 취급되는 것이, 인간으로서 자연스럽고 예의바르게 무시당하는 것이 더 좋다.

사무실에서 동료들이 나를 그들과는 다른 사람이라고 생각하는 것보다 더 불쾌한 것은 없다. 아이러니하게 나는 그들이 나를 그렇게 생각하지 않는다는 사실을 나 자신과 함께 즐기고 싶다. 그들이 나를 그들과 똑같다고 믿는 이 고해성사를 나는 원한다. 그들이 나를 다르다고 생각하지 않는 이 괴로운 시련을 나는 원한다. 우리가 성자와 수행자들에 대해서 알고 있는 희생보다 더욱 미묘한 희생이 있다. 육체와 의지의 고통이 있듯이 지성의 고통도 있다. 다른 고통에서와 마찬가지로 이런 고통에도 희열이 있다.

91(125)

꿈 때문에 나의 대화 주제가 나의 인생의 일상 수준보다 높아서, 내가 그네를 탄 어린아이보다 높이 있다고 느낄 때마다, 나는 어린아이처럼 시립 공원으로 내려와야 했으며, 전투에 가져갈 펄럭이는 깃발도 없이, 뽑아들 수 있는 검도 없이 나의 패배를 인정해야 했다.

길을 가다가 우연히 내 옆을 스치는 대부분의 사람들도 깃발 없는 군대의 헛된 전쟁에 대해서 나와 똑같은 생각을 할 것이다

(조용하게 움직이는 그들의 입술에서, 정확하게 듣지 못하는 그들의 귀에서, 기도하는 목소리가 점점 커지는 것에서 나는 그것을 깨닫는다). 그리고 모두(나는 불쌍한 패배자들의 등을 관찰하기 위해서 몸을 돌린다) 나처럼 잡초와 진흙 사이에서 무참하고 치욕스러운 패배를 할 것이다. 제방을 비추는 달빛도, 한 글자씩 또박또박 발음하는 늪지의 초라한 시도 없이 말이다.

모두 나처럼 격분해 있고 마음이 슬프다. 나는 그들을 잘 알고 있다. 상점에서 일하는 사람도 있고, 회사원들도 있고, 작은 상점을 운영하는 상인들도 있고, 자기도 모르게 열나게 자기 말만 하는 카페나 술집의 영웅들도 있다 […]. 그러나 불쌍하게도 모두 시인이며, 내가 볼 때에는 불일치라는 동일한 비참함을 짊어지고 있는 것 같다. 그들이 보기에는 나도 마찬가지이다. 그들의 미래도 나처럼 과거 속에 있다.

다른 직원들이 점심 먹으러 간 사이 사무실에서 빈둥거리던 바로 이 순간 나는 지저분한 창문을 통해서 도로 저편에서 비틀비틀 걷고 있는 노인을 본다. 노인은 술주정꾼이 아니라 몽상가이다. 그는 비현실적인 것에 관심을 두고 있었다. 그는 어쩌면 아직도 희망을 품고 있을 것이다. 신들이 부당 행위를 할 때 공평하다면, 불가능할지라도 우리의 꿈을 지켜줄 것이고, 불충분하기는 하겠지만 좋은 꿈을 우리에게 줄 것이다. 아직 노인이 아닌 오늘, 나는 남쪽 바다의 섬과 실재하지 않는 인도를 꿈꿀 수 있다. 어쩌면 내일 신들은 작은 담배 가게의 주인이 되는 꿈이나 교외의 작은 집에서 연금을 받는 꿈을 내게 줄지도 모른다. 꿈은 모두 똑같다. 왜냐하면 모든 꿈이 똑같이 꿈이기 때문이다. 신들이 부디 내 꿈을 다른 것으로 바꿔주기를, 그러나 꿈을 꿀 수 있는 능력만은 그대로 내버려두기를.

잠시 이런 생각을 하는 동안 나는 노인을 잊고 있었다. 더 이상 그가 보이지 않는다. 나는 그를 보기 위해서 창문을 연다. 노인은 아예 보이지 않는다. 그는 나를 위해서 시각적인 상징의 기능을 수행했다. 그는 지나갔고, 모퉁이를 돌았을 뿐이다. 그가 무한의 모퉁이를 돌았고, 결코 이곳에 온 적이 없다고 사람들이 내게 말한다면, 나는 지금 창문을 닫는 것과 동일한 몸짓을 하면서 그 말을 받아들일 것이다.

그럴 수 있을까?

불쌍한 반신(半神)들이여, 말과 고상한 목표로 제국을 정복할 수 있는 초보 점원들이여. 그러나 그들은 월세와 생필품을 살 돈이 부족하구나! 그들은 패배한 군대의 부대원들과 같다. 이 군대의 지휘관들은 영광의 꿈을 꾸었겠지만, 늪지대의 갈대밭 사이로 흩어진 귀환병들에게 그것은 단지 위대함을 의미하는 개념일 뿐이고, 군대에 소속된 적이 있다는 인식과, 그들은 사령관 얼굴을 한번도 본 적이 없었고, 그가 하는 일조차 몰랐다는 공허감만 남을 뿐이다.

그런 까닭에 모든 사람들은 후진에 있다가 도망치는 군대의 사령관이 되는 꿈을 때때로 꾼다. 그러므로 모든 사람들은 갈대밭의 진창에서 승리의 인사를 한다. 그 승리는 아무도 가질 수가 없었고, 아무도 털어낼 생각을 하지 않는, 식탁보 얼룩들 사이에 낀 빵가루 몇 개로만 남았을 뿐인데 말이다.

세심하게 청소하지 않은 가구의 틈새를 먼지가 가득 채우듯이 그들은 일상생활의 틈새를 가득 채운다. 붉은색 마호가니 가구 속의 회색 벌레처럼 그들은 일상의 익숙한 햇빛 속에서 두드러진다. 작은 핀셋으로 그것들을 꺼낼 수 있다. 그러나 누구도 서둘러 그렇게 하지 않는다.

숭고한 꿈을 꾸는 나의 불쌍한 동료들이여, 내가 당신들을 얼마나 부러워하고 또 얼마나 경멸하는지! 나와 함께 타인들이, 가장 불쌍한 자들이 있다. 그들은 자신의 꿈을 말하고, 글로 쓰였다면 시가 되었을 것을 쓰기 위해서 오로지 자기 자신밖에 없다. 그들의 영혼 외에 다른 문학은 없는 […] 존재한다는 사실로 질식해서 죽어가는 불쌍한 악마들 […].

어떤 사람들은 어제의 길모퉁이에서 한번에 다섯 명과 싸워 이긴 영웅들이다. 다른 사람들은 존재한 적이 없는 여인들조차 감히 저항하지 못하는 유혹자들이다. 그들은 그것을 말할 때, 그것을 믿고 있다. 모두 그것을 믿기 때문에 그렇게 말한다. 타인들은 […].

모두 어항 속의 뱀장어들처럼 서로 얽혀서 묶여 있기 때문에 그들은 도망칠 수가 없다. 때때로 신문에서 그들의 이야기가 나오기도 하지만, […] 그들은 결코 명성을 얻지 못한다.

이들은 행복한 사람들이다. 왜냐하면 그들이 바로 어리석은 꿈이나 […] 마찬가지이기 때문이다. 그러나 그들도 나처럼 환영(幻影) 없는 꿈을 가지고 있다.

92(126)

심지어 꿈꾸는 것조차 형벌이다. 나는 꿈꾸는 모든 것을 마치 그것이 실제인 것처럼 보는데, 꿈을 꿀 때 그렇게 명료함을 얻었다. 그러므로 꿈속의 사물이라서 소중하다고 생각했던 그 모든 것이 시간낭비였을까?

내가 유명해지는 꿈을 꿀까? 그러면 나는 영광과 더불어 오는 무관심을 느끼고, 사생활과 익명성의 박탈을, 그리하여 영광이 고통이 되는 것을 이해하게 된다.

93(128) 휴가 동안 쓴 문장

조그만 절벽 두 개가 가로막고 있어서 접근이 어려운, 아주 작은 만을 형성하고 있는 작은 해변은 사흘간의 휴가 동안 나 자신으로부터 도망쳐간 은신처였다. 납작하고 투박한 계단을 지나면 해변으로 내려갈 수 있었다. 계단은 처음에는 나무계단이다가 중간에 녹슨 난간과 함께 바위를 파서 만든 돌계단이 되었다. 특히 돌계단을 끝까지 내려갈 때마다, 나는 나의 존재 자체에서 나왔고, 나 자신을 발견했다.

신비주의자들은, 혹은 그들 중 어떤 사람들은 전생의 순간이나 모습 혹은 그림자를 기억의 파편이나 정서(情緖)를 통해서 기억하는 영혼의 최고의 순간이 있다고 주장한다. 그런 순간에는 현재보다 만물의 시작 및 기원에 더욱 가까운 시간으로 돌아가면서 영혼은 어떤 식으로든 다시 한번 유년기와 해방을 느낀다는 것이다.

지금은 사용하지 않는 그 계단을 내려가서 늘 인적이 없는 작은 해변으로 천천히 내려가노라면 나는 나 자신이라고 할 수 있는 모나드(monad, 단자[單子] : 라이프니츠의 철학용어이며, 넓이나 형체를 가지지 않고, 무엇으로도 나눌 수 없는 궁극의 실체/역주)에 더욱 가까이 있기 위해서 마술적인 방법을 이용하곤 했다.

내가 일상생활에서 보여주던 모습과 몇 가지 특징(욕망과 혐오감과 걱정을 통해서 나의 일정한 존재에서 나타나는)은, 순찰대를 피해서 도망자가 뒷걸음질 치듯이 나로부터 멀어졌고, 그것이 무엇인지 이해할 수 없을 때까지 그림자 속에 숨어 있었다. 그리하여 나의 내면에는 거리감이 생겼는데, 그 상태에서 어제를 기억하거나 날마다 내 안에서 살고 있는 존재가 나의 것인지 인식하기가 힘들었다. 평소의 내 정서, 규칙적으로 불규칙한 나의 습관, 타인과 나의 대화, 인간 집단에 대한 나의 적응. 그 모든 것이 어디에서인지 알 수는 없지만 이미 읽어본 것 같다. 인쇄된 전기(傳記)의 활기 없는 페이지, 딴 생각을 하면서 읽다가 중간 장의 어디에서라도 볼 수 있는 소설의 세부묘사, 마치 뱀처럼 바닥으로 미끄러져버리는 서술의 맥락처럼 말이다.

유일한 소리라고는 파도 소리와 보이지 않는 커다란 비행기처럼 상공을 지나가는 바람 소리뿐인 해변에서 나는 새로운 꿈에 몰두하고 있었다. 그것은 형체가 없는 감미로운 것이었고, 이미지도 감동도 없는 심오한 인상이 주는 경이로움이었다. 물과 하늘처럼 깨끗했고, 거대한 진실의 심연에서 솟아오르는 파도처럼 울려퍼졌다. 흔들리는 파도는 멀리서 보면 흐린 하늘색이었지만, 해변에 가까이 오면 투명했던 것이 다른 색조의 흐릿한 초록색으로 얼룩졌으며, 파도는 날카로운 소리를 내며 부서진 뒤에 갈색 모래에 수천 개로 조각난 팔을 길게 뻗는다. 그리고는 흘러넘치는 하얀 물거품만을 남긴 채 물러가는 모든 파도와, 원초적인 자유로의 회귀와, 신성한 향수와, 형체 없이 나를 고통스럽게 하는 기억들—순전히 좋기 때문에 혹은 다른 무엇 때문에 행복한 예전의 상태에 대한 향수, 거품 영혼에 향수로 만들어진 육신—, 휴식, 죽음, 조난자들의 섬(이 섬은 인생이나 마찬가지이다)을 둘러싼 거대한 바다처럼 전부 혹은 아무것도 아닌 것을 자기 주위로 모은다.

그리고 나는 감각을 통해서 보는 일을 중단하고, 잠 없이 잠을 자고 있었다. 나 자신의 황혼에서 나무들 사이로 흐르는 물소리를 들으며, 커다란 강물의 고요함, 슬픈 저녁의 상쾌함을 느끼고, 사색의 잠을 자는 듯한 어린아이의 순수한 가슴이 천천히 오르내리는 것처럼 고르게 숨을 쉬며 나는 잠을 자고 있었다.

94(129)

감수성이 풍부할수록, 감각하는 능력이 섬세할수록, 사람은 사소한 것에 더욱 어리석게 흔들리고 동요한다. 우중충한 날에 고통을 느끼려면 놀라운 지혜가 필요하다. 민감하지 못한 인류는 시간 때문에 고통을 느끼지 않는다. 왜냐하면 날씨가 늘 우리와 함께하기 때문이다. 인류는 자신의 어깨 위에 비가 떨어지지 않으면, 비를 느끼지 못한다.

날씨가 우중충하고 기온이 높고 습해서 우울한 하루이다. 사무실에 혼자 남은 나는 나의 인생을 재검토한다. 인생에서 내가 보는 것은 나를 억압하고 괴롭히는 오늘 하루이다. 나는 아무것도 아닌 일에 기뻐하는 어린아이, 모든 것에 야망을 품는 청년, 기쁨도 희망도 없는 사내를 떠올린다.

돌아가지 못하는 길에서 뒤를 돌아볼 때, 우리 중 누가 우리가 갔어야만 했던 길을 따라갔노라고 말할 수 있을까?

95(137)
어제 나는 위대한 사람을 보았고 그의 이야기를 들었다. 나는 사람들이 위대한 사람이라고 생각하는 사람이 아니라, 진정 위대한 사람에 대해서 말할 작정이다. 이 세상에 가치라는 것이 있다고 인정한다면, 그는 가치 있는 사람이다. 사람들은 그가 가치 있는 사람이라는 것을 안다. 그리고 그는 사람들이 그것을 알고 있다는 것을 안다. 그러므로 그는 내가 그를 위대한 사람이라고 부르는 데에 필요한 모든 조건을 가지고 있다. 그러므로 나는 진심으로 그를 위대한 사람이라고 부르고자 한다.

외모로 보면 그는 피곤에 지친 장사꾼처럼 보인다. 그의 얼굴에는 지친 기색이 보이지만, 어쩌면 그것은 생각을 지나치게 많이 한 탓일 수도 있고 혹은 건강하지 못한 생활을 한 탓일 수도 있다. 그의 눈빛에는 활기가 있는데, 그것은 근시가 아닌 사람의 특권이다. 일반적으로 마비 증상이 시작될 때 표정에서 영혼이 나타나지 않는 것처럼, 그의 목소리는 발음이 분명하지 않다. 그리고 밖으로 드러난 그의 영혼은 정당들의 정치에 대해서, 에스쿠도화(포르투갈의 화폐단위. 포르투갈에서는 2002년에 유로화로 교체되었다/역주)의 평가절하에 대해서, 고귀한 그의 친구들이 가진 비열한 견해에 대해서 이야기한다.

그가 누구인지 몰랐다면, 나는 결코 그의 외모를 보고 그를 추측하지 않았을 것이다. 위대한 사람들의 영혼이 소박하다는 영웅적인 생각은 하지 말아야 한다는 것을 나는 잘 알고 있다. 말하자면 위대한 시인은 외모가 완벽히 아름다워야 한다거나 표정이 나폴레옹과 같다거나 혹은 보통 사람과 다르기 위해서 표정이 풍부하고 우아한 사람이어야 한다는 그런 생각 말이다. 이런 일이 인간의 자연스러우면서도 어리석은 특징이라는 것을 나는 잘 알고 있다. 모든 것을, 혹은 거의 모든 것을 기대하지 않는다면, 항상 무엇이라도 기대하기 마련이다. 외모를 떠나 영혼에 관심을 기울인다면, 활력이나 민첩성을 기대하지 말고, 지성이나 혹은 적어도 약간의 위대함을 중시해야 한다.

인간이 느끼는 이 모든 실망감 때문에 우리는 영감이라는 평범한 개념에 얼마나 많은 진실이 있는지 생각할 수 있게 된다. 상인의 몸이 될 운명이었던 그 몸과, 교양 있는 사람이 될 운명이었던 그 영혼을 모두 취한다면, 외적인 특성과 내적인 특성의 옷을 각각 불가사의하게 입은 듯이 보이며, 그것들은 말을 하지 않는데, 무엇인가가 그것들을 통해서 말을 한다. 몸으로 혹은 영혼을 통해서 따로따로 말을 한다면 목소리는 거짓말이 될 어떤 것을 뱉는다. 나의 사색은 공허하고, 돌발적이다. 나는 그것을 제안하는 것도 귀찮다. 그러나 나의 사색을 통해 나는 결코 그 상인의 가치를 축소하지 않고, 그의 몸의 표현력을 개선하지도 못한다. 사실 무엇인가를 바꾸는 것은 아무것도 없으며, 우리가 말하거나 행동하는 것만이 모든 것이 잠을 자고 있는 골짜기의 산꼭대기를 스칠 뿐이다.

96(163)
모든 것이 불합리하다. 한 사람이 돈을 벌어 저축하며 그의 인생을 보낸다. 그러나 그는 그 돈을 물려줄 자식도 하늘이 그를 위해서 그 돈의 초월성을 간직하고 있다는 희망도 없다. 반대로 또다른 한 사람은 죽을 때를 대비하여 온힘을 다해 명성을 얻으려고 한다. 그러나 그는 명성에 대해서 의식함으로써 그가 얻을 수 있는 영혼의 생존을 믿지 않는다. 또 한 사람은 아직도 그가 전혀 원하지 않는 것을 추구하느라 고심한다. 그밖에 또다른 사람이 있는데…….

어떤 사람은 지식을 위해서 책을 읽지만, 모든 것이 헛수고이다. 어떤 사람은 살기 위해서 즐기지만, 역시 모든 것이 헛수고이다.

전차를 탄 나는 늘 하던 대로 내 주위의 승객들의 세부적인 모습을 조용히 관찰한다. 세부적인 모습이란 사물과 목소리와 말 같은 것을 말한다. 나는 내 앞에 앉은 소녀의 옷에서 옷감과, 그 옷을 재봉하느라 들인 노력(왜냐하면 나는 그것을 옷감이 아니라 옷으로 보기 때문이다)을 보고, 옷깃을 장식한 섬세한 자수에서 수를 놓은 가벼운 비단실과 수를 놓느라 들인 노력을 본다. 그러자 정치경제학 입문서를 펼친 듯 즉시 내 앞에 공장과 다양한 직업이 보인다. 섬유를 만든 방적 공장, 옷의 목둘레를 소용돌이 모양으로 장식하기 위한 검은 비단실을 만드는 공장이 눈앞에 펼쳐진다. 그러자 공장 안의 다양한 작업장, 기계, 노동자들, 여자 재봉사들이 보인다. 나의 눈은 사무실 내부를 꿰뚫어본다. 나는 침착함을 유지하려고 애쓰는 관리자들을 보고, 장부 위에 또박또박 적어놓은 숫자를 본다. 그러나 이것만이 아니다. 더 나아가 나는 그 공장과 사무실에서 인간 존재의 삶을 살고 있는 그들의 일상생활도 보는데……. 내 앞에 얼굴이 보이지 않는 소녀의 갈색 목 아래, 옅은 초록색 옷 위에 둘러진 진한 초록색의 불규칙적으로 규칙적인 테두리가 눈앞에 있을 뿐인데도, 세상 전체가 내 눈앞에서 펼쳐진다.

인간의 모든 생활이 내 눈앞에 있다. 그것 너머로, 나는 전차에서 내 앞에 앉은 여인이 옅은 초록색 옷 위를 진초록 비단실로 장식한 구불구불한 평범함을 그녀의 치명적인 목에 걸칠 때까지 일을 했던 모든 사람들의 사랑과, 내밀한 비밀과, 영혼을 간파한다.

나는 현기증이 난다. 가늘고 질긴 밀짚을 촘촘하게 꼬아 만든 전차의 의자들이 나를 먼 지역으로 데려가더니, 산업과 노동자와, 노동자의 집과, 인생과 현실 등 모든 것으로 늘어난다.

몽유병자처럼 지친 나는 전차에서 내린다. 나는 인생 전체를 살았다.

97(156) 1930. 6. 12
모든 것이, 심지어 우리에게 휴식을 가져오던 것들마저도 우리를 지치게 할 때가 있다. 그것이 지쳐 있기 때문에 우리를 지치게 하는 것이다. 휴식을 주는 것을 얻겠다는 생각이 우리를 지치게 하기 때문이다. 모든 고통과 아픔 뒤에는 무기력한 마음이 있다. 이것을 모르는 사람들은 인간적인 고통과 아픔을 회피하고 자신의 무기력을 피하기 위해서 자기 자신과 타협한다. 이렇게 세상을 상대로 자신을 무장하는 동안, 그들은 자의식의 어느 지점에서 갑자기 그 갑옷 전체가 그들을 억압하고 있음을 느낀다. 그리하여 도리어 인생이 그들에게 고통과 잃어버린 아픔을 준다.

내가 바로 그런 순간에 처해 있다. 나는 적어도 살아 있다는 것을 이해하려고 애쓰는 사람처럼 이 글을 쓰고 있다. 지금까지 나는 꿈길을 걸으며 청구서를 작성하고, 나의 무기력의 밑줄 위에 글을 쓰면서 반수면 상태로 하루 종일 일을 했다. 하루 종일 삶이 나의 눈과 관자놀이를 압박하고 있음을 느꼈다. 눈꺼풀은 졸음에 겨워 무겁고, 관자놀이는 계속 압박감을 느끼고, 위장에서는 이 모든 것을 인식하니, 나는 구토와 절망을 느낀다.

산다는 것은 형이상학적인 실수 같고, 행동이 없는 나태함 같다. 나는 나 자신에게서 벗어나 다른 것에 관심을 둘 수 있는지 보기 위해서 오늘이 어떤 날인가에는 신경 쓰지 않는다. 오늘 여기에 글로 쓰면서 나를 사랑하지 않는 나의 텅 빈 포도주잔을 언어로 채울 수 있도록 하기 위해서이다. 나는 오늘이 어떤 날인지 신경 쓰지 않기 때문에 어깨를 구부정하게 숙인 채 오늘 해가 떴는지 혹은 해가 없는지 알지 못한다. 저기 주관적으로 슬픈 도로에서, 그 황량한 도로에서 사람들이 걷는 소리가 들린다. 나는 아는 것이 없으니, 내 마음이 아프다. 나는 일을 하다가 말았지만, 여기에서 꼼짝도 하고 싶지 않다. 나는 경사진 책상의 낡은 표면의 모퉁이마다 붙여놓은 황백색 압지를 보고 있다. 나는 잉크가 스며들어 아무렇게나 생긴 얼룩과 그것에 새겨진 부주의함을 주의 깊게 응시한다. 거꾸로 쓰고 반대로 쓴 나의 서명도 여러 개 있다. 여기저기 숫자도 몇 개 있다. 무의미한 그림도 있다. 내가 방심한 결과이다. 나는 압지를 난생처음 보는 촌놈처럼 이 모든 것을 바라본다. 신기한 것을 바라보는 사람처럼 주의 깊게, 시각을 명령하는 대뇌 중추기관 뒤의 무기력한 두뇌를 온통 집중하여.

나는 내가 감당할 수 있는 것 이상으로 내적인 졸음이 밀려오는 것을 느낀다. 그런데 나는 아무것도 원하지 않고, 아무것도 하고 싶지 않다. 그러나 내가 도망칠 수 있는 것은 아무것도 없다.

98(177) 1930. 2. 5

내 초라한 방의 추레한 벽도, 타인 소유 사무실의 낡은 책상들도, 돌이킬 수 없는 확고부동함을 침해하는 듯이 보일 정도로 내가 자주 걸어다녔던 바이샤 지구 중간 도로의 가난함도 아니다. 그것들 때문에 지저분하고 일상적인 삶에 대해서 나의 정신이 그렇듯 빈번하게 구토를 하는 것은 아니다. 습관적으로 나를 둘러싸고 있는 사람들, 나를 모르면서 날마다 대화와 공생을 통해서 나를 알고 있으며, 육체적인 고통으로 침을 질질 흘리는 혹을 내 정신의 목구멍에 쑤셔박는 영혼들인 것이다. 갤리선의 죄수복을 내게 입히고, 나를 감옥에 가두고, 내가 거짓을 말하고 구걸을 한다고 느끼게 하는 것은 나의 외적인 생활과 평행선상에 있는 그들의 생활의 단조로운 불결함이고, 나와 똑같다고 생각하는 그들의 내적인 의식인 것이다.

통속성이 지닌 모든 세밀함 때문에 통속성 그 자체의 존재에 관심이 갈 때가 있다. 그때 나는 모든 사물을 명확히 읽을 수 있기 때문에 그것에 애정을 느낀다. 그러면 나는 평범한 사물의 독특함을 감지한다(비에라가 말한 것을 소우사[Frei Luis de Sousa, 1555-1632 : 도메니코 수도회 수도사. 포르투갈의 산문가이자 전기작가/역주]가 기술했던 것처럼). 그리하여 나는 그리스에서 지적인 시의 시대가 생산했던 영혼과 똑같은 영혼을 담아 시인이 된다. 그러나 외부 사물보다 더 많이 나 자신을 느낄 때도 있는데(지금 나를 압박하는 것이 그런 순간 중의 하나이다), 모든 것이 비와 흙탕물이 난무하는 밤으로 변하고, 두

대의 삼등석 열차 사이에 인적 없는 플랫폼의 고독 속으로 사라진다.

나의 마음속 깊이 자리한 덕성은 늘 공평하여 나 자신에 대한 생각을 하지 못하게 하며, 모든 덕성처럼 심지어는 모든 악덕처럼 인정받지 못해 괴로워한다. 그리고 나는 궁금해진다. 어떻게 하면 나 자신보다 오래 살 수 있을까? 어떻게 하면 이 사람들 사이에서 그들과 이렇듯 완벽히 유사하게, 그들 모두의 쓰레기 같은 환영에 이렇듯 진정으로 순응하며 감히 비겁하게 있을 수 있을까? 상상력으로 잉태한 모든 해결책이 머나먼 등대처럼 환하게 생각난다. 자살, 도주, 거부, 개인의 위대하고 귀족적인 몸짓, 나처럼 올라갈 발코니가 없는 존재들의 망토와 단도 등과 같은 해결책이 말이다.

그러나 가장 좋은 현실을 사는 이상적인 줄리엣은 나의 혈육인 허구의 로미오에게 문학적 담화의 높은 창을 닫아버렸다. 그녀는 그녀의 아버지에게 순종하고, 그는 그의 아버지에게 순종한다. 몬터규 집안과 캐풀렛 집안의 불화는 계속되고, 일어나지 않았던 일 위로 막이 내린다. 그리고 나는 집으로 돌아간다(부재하는 추잡한 안주인이 사는 그 방으로. 그녀의 아이들은 가끔 보이지만, 사무실 직원들은 내일에야 보게 될 것이다). 사무실에서 입는 나의 평범한 재킷의 깃을 시인의 목 위로 무의식적으로 올리고, 항상 같은 상점에서 구입했으며, 차가운 빗물로 생긴 웅덩이를 무의식적으로 피하는 부츠를 신고, 우산과 영혼의 위엄을 늘 잊기 때문에 당황하고 걱정하는 마음으로 말이다.

99(463) 탄원의 기도
우리는 결코 자신을 실현하지 못합니다. 우리는 두 개의 심연이나 마찬가지입니다. 하늘을 응시하는 우물인 셈이지요.

100(322) 1931. 12. 1
지루함에 마음이 끌림에도 불구하고, 오늘까지 지루함이 무엇으로 이루어진 것인지 생각하려는 마음이 한번도 들지 않았던 것이 이상하다. 오늘 나의 영혼은 인생도 또다른 무엇도 원하지 않는 마음의 중간 상태를 떠다닌다. 사색과 느낌을 통해서 지루함을 거짓으로 분석해보려고 하는데, 나는 그것에 대해 단 한번도 성찰한 적이 없었다는 것을 불현듯 기억한다.

지루함이 꾸벅꾸벅 졸던 방랑자가 단지 잠에서 깨어나는 것과 같은 것인지, 게으른 상태보다 좀더 고상한 무엇인지 사실 나는 잘 모르겠다. 나는 자주 지루해하지만, 내가 아는 한, 그것이 언제, 왜 나타나는지 정해진 규칙은 없다. 나는 지루하지 않게 피곤한 일요일을 보낼 때가 있다. 열심히 일하는 동안에는 마치 구름처럼 갑자기 지루함이 엄습할 때도 있다. 나는 그것을 건강한 상태나 건강 이상과는 연관을 지을 수가 없다. 그것이 내가 잘 알고 있는 이유 때문에 생기는 것인지 나는 알 수가 없다.

말하자면 그것은 변장한 형이상학적 고통이고, 알 수 없는 커다란 좌절이며, 싫증이 나서 인생의 창문에 얼굴을 내민 영혼의 은밀한 시(詩)이다. 말하자면 그것과 비슷한 어떤 것이, 어린아이가 그림을 색칠할 때 서투른 솜씨로 테두리를 넘어가서 그 선을 흐릿하게 하듯이 나는 지루함을 색칠할 수 있다. 그러나 내게 지루함은 생각의 지하실에서 울리는 말소리일 뿐이다.

지루함……. 그것은 생각 없이 생각하는 것이지만, 생각할 때 수반되는 노력을 요구한다. 그것은 느끼지 않고 느끼는 것이지만, 느낌이 보통 포함하고 있는 모든 고통을 자극한다. 그것은 원하지 않고 원하는 것이지만, 원하지 않을 때 수반되는 모든 구역질을 견디는 것이다. 지루함은 이 모든 것을 포함하고 있지만, 그것들 자체는 지루함이 아니다. 그것들은 단지 부연설명이거나 번역일 뿐이다. 영혼의 성을 둘러싼 성호(城壕) 위로 도개교(큰 배가 지나갈 수 있도록 다리의 한끝 또는 양쪽이 들리게 만든 다리/역주)가 놓여 있듯이, 성과 성을 둘러싼 땅 사이에서 땅을 밟지 않은 채 땅을 바라볼 수 있듯이 지루함은 직접적인 감각으로 표현된다. 그것은 우리 자신 안에서 우리가 소외되는 것인데, 이렇게 소외될 때 우리를 분리하는 것은 우리처럼 정체되어 있다. 요컨대 그것은 우리가 이해할 수 없는 불가능의 주변을 둘러싸고 있는 구정물인 것이다.

지루함……. 고통 없이 고통 받기, 의지 없이 원하기, 이성 없이 생각하기……. 그것은 마치 부정하는 악마에게 사로잡힌 것과 같으며, 간접적인 마법과 같다. 마녀들이나 이류 마법사들은 우리와 똑같은 이미지를 만들어서 나쁜 짓을 시키는데, 별들의 이동 때문에 그것이 우리에게 영향을 미치도록 할 수 있다고 한다. 이 이미지를 통해 지루함은 악마의 범죄(나의 이미지가 아니라 그의 그림자 위에서 펼치는 범죄)를 반사하듯이 내게 나타난다. 지루함은 나의 내적인 그림자 안에 있고, 내 영혼 안쪽의 표면에 있으며, 그 영혼 위에는 종이가 붙여져 있거나 핀이 꽂혀 있다. 나는 자신의 그림자를 판 사람처럼 존재한다. 아니 더 정확하게 표현한다면, 그 그림자를 판 사람의 그림자처럼 존재한다.

지루함……. 그러나 나는 일을 하는 사람이다. 도덕론자들이 사회적 의무라고 말한 것을 나는 완수한다. 나는 커다란 노력도 게으름도 없이 이 의무를, 혹은 이 운명을 완수한다. 그러나 일을 하는 중이든 휴식을 취하는 중이든(도덕론자들에 따르면 내가 마땅히 취해야 하고 즐겨야 하는 휴식), 나의 정신에는 무기력의 담즙이 넘쳐난다. 나는 노동과 휴식 때문이 아니라 나 자신 때문에 피곤하다.

나 자신을 생각하지 않았는데, 왜 나 때문에 피곤할까? 아무것도 생각하지 않았는데, 왜 다른 무엇 때문에 피곤할까? 어쩌면 내가 금전 출납부를 작성하거나 의자에 몸을 기대는 동안 우주의 신비가 나를 스치는 것은 아닐까? 삶의 우주적인 고통이 내 영혼의 중간단계에서 갑자기 구체화되는 것은 아닐까? 하지만 나처럼 자기 자신조차 모르는 사람을 왜 그토록 고상하게 만들어야 할까? 그것은 공허한 감각이고, 식욕 없는 배고픔이며, 담배를 너무 많이 피웠거나 소화가 잘 되지 않는 탓에 위장이나 두뇌에서 느껴지는 감각만큼이나 고상하다.

지루함……. 어쩌면 그것은 우리가 영혼을 신뢰하지 못했기 때문에 영혼이 느끼는 불만족일 터이다. 우리가 신성한 장난감을 사주지 않았기 때문에, 우리 자신 안에 존재하는 슬픈 아이가 느끼는 고통일 것이다.

어쩌면 그것은 이끌어줄 손길이 필요한 자의 불안일 것이고, 심오한 감각의 어두운 길에서 오직 생각할 수 없는 침묵의 밤만을, 느낄 수 없는 황량한 도로만을 감지하는 자의 불안일 것일 터…….

지루함……. 신을 가진 자는 결코 지루함을 느끼지 않는다. 지루함은 신화의 결핍이다. 믿음이 없는 자는 의심할 수도 없고, 회의론자는 의심할 힘도 없다. 그렇다. 지루함은 바로 이것이다. 영혼 속에서 착각의 능력을 상실하는 것이고, 생각 속에 가공(架空)의 계단이 부재하는 것이다. 그 계단 덕에 생각은 확고부동하게 진실까지 올라가는데 말이다.

101(338)

영혼의 거대한 고통은 마치 대홍수처럼 우리에게 나타난다. 그런 일이 일어나면, 태양은 자신의 진로를 이탈하고 별들은 혼란에 빠진다. 모든 민감한 영혼을 위해서 운명이 고통의 묵시록을 그리는 날이 항상 도래한다. 마치 하늘과 우주가 좌절하는 우리 위에서 뒤집어지는 것처럼 말이다.

자신이 남들보다 우월하다고 느끼는 것과 운명이 가장 밑바닥에서 사는 사람들 중에서도 가장 최하층에 있는 사람처럼 취급하는 자신을 바라보는 것. 이런 상황에서 자신이 인간임이 자랑스러운 사람은 아무도 없다.

어느 날 나의 표현력이 모든 예술을 응집할 정도로 위대한 힘을 가지게 된다면, 나는 졸음 예찬을 쓸 것이다. 나는 잠보다 더 큰 기쁨을 알지 못한다. 잠은 인생과 영혼을 총체적으로 지우는 것이고, 존재와 다른 사람들과 이별하는 것이며, 기억과 환영이 없는 밤이고, 과거와 미래의 부재이며 […].

102(340) 1930. 3. 23

추상적인 지성의 피곤함이 있는데, 그것은 피곤함 중에서도 가장 끔찍하다. 그것은 육체의 피곤함만큼 무겁지 않고, 정서의 피곤함만큼 불안하지 않다. 그것은 세상에 대한 인식의 무게이며, 영혼으로 호흡할 수 없는 것이다.

우리의 인생을 활기차게 했던 모든 생각과, 미래의 희망에 토대가 되었던 야망과 계획은, 바람에 흩날리는 구름처럼 해체되고 쪼개져서 안개의 잿빛 자취처럼 사라진다. 존재하지도 존재할 수도 없었던 것이 가리가리 찢긴 것이다. 그리고 그렇게 해체되고 남은 자국에 별이 빛나는 황량한 하늘의 무자비하고 암담한 고독이 순수하게 솟아난다. 인생의 신비는 우리에게 고통을 주고 다양한 방식으로 우리를 두려움에 떨게 한다. 때때로 그것이 마치 형체 없는 유령처럼 우리에게 다가올 때면, 영혼은 가장 끔찍한 두려움에 사로잡혀 얼어붙는다. 비존재의 소름끼치는 구체화에 대한 두려움인 것이다. 때때로 인생의 신비는 우리의 등 뒤에 잠복해 있어서 우리가 그것을 보려고 고개를 돌리지 않을 때에만 나타난다. 그것은 진실을 모른다는 가장 심오한 공포에 사로잡힐 때 온전한 진실이 된다.

그러나 오늘 나를 괴롭히는 이 공포는 덜 고상하고, 더 썩어 있다. 그것은 생각하고 싶지 않은 욕망이고, 결코 아무것도 아니었기를 바라는 욕망이며, 영혼의 모든 세포를 의식하는 절망이다. 그것은 무한의 감옥 속에 갇혀 있음에 대한 돌연한 감각이다. 그 유일한 감옥이 전부인데 어디로 도망칠 생각을 할 수 있을까?

그래서 나는 악마를 예상하는 악마주의처럼 저항할 수 없는 어리석은 욕망을 품고 있다. 어느 날, 시간과 물질 외부에 존재하는 어느 날 하느님에게서 벗어나 도망칠 수 있기를, 우리의 가장 심오한 것이 미지의 형태를 띠고 더 이상 존재 혹은 비존재에 속하지 않기를.

103(332)

내가 느끼는 것은 특히 피곤함이다. 그리고 존재한다는 사실 외에 피곤함을 느끼는 다른 이유가 없을 때, 그것의 쌍둥이 격인 불안을 느낀다. 나는 아직 하지 않은 행동에 대해 깊은 두려움을 느끼고, 아직 하지 않은 말에 대해 지적인 소심함을 느낀다. 모든 것이 일어나기 전에는 무의미한 것 같다.

지성이 있을 때나 지성이 없을 때나 멍청하고, 행복하거나 불행한 만큼 구토가 날 정도로 기괴하고, 존재한다는 단순한 사실 때문에 무서운 이 모든 얼굴들에 대한 참을 수 없는 지루함, 나에게는 낯선 생물들만 따로 밀려오는 것…….

104(350)
나는 지루함이 사람이 되는 지경에 이르렀다. 나 자신과 공생하면서 구체화된 허구.

105(291)
진실한 부는 비싼 시가를 피우는 것이고 눈을 감는 것이다.
 젊은 시절을 보냈던 장소를 다시 가보는 것처럼, 나는 값싼 담배로도 내가 그런 담배를 피우곤 했던 시절로 되돌아갈 수 있다. 담배 연기를 조금만 맛보아도 과거가 모두 되살아난다.
 어떤 때는 달콤한 과자로도 그런 일이 생긴다. 작은 초콜릿 하나로도 나의 신경은 그것이 자극한 과다한 기억 때문에 흐트러진다. 유년기! 검은색의 부드러운 덩어리를 씹으면서 나는 납으로 만든 군인의 유쾌한 전우가 되고, 말을 몰기 위해서 막대기를 든 유능한 기수가 되는 초라한 행복을 맛본다. 눈에 눈물이 가득 고이고, 초콜릿 맛과 나의 잃어버린 행복의 맛이, 나의 잃어버린 유년기가 뒤섞인다. 그리고 나는 육감적으로 나의 달콤한 고통에 집착한다.
 나의 미각 의식(儀式)은 간소하지만, 그렇다고 그것이 덜 엄숙한 것은 아니다.

　무엇보다 담배 연기 덕분에 나는 지나간 순간을 더욱 세밀하게 상기할 수 있다. 그것은 미적 취향을 가지고 있는 나의 의식의 표면을 살짝 스친다. 그리하여 […] 그것은 내가 죽었던 시기를 나를 위해서 되살려내고, 가장 멀었던 시기를 현재로 불러내며, 내가 그 시기에 몰두하면 그 시기를 더욱 화려하게 꾸미고 그 시기를 구체화하면 그것을 더욱 거룩하게 만든다. 멘톨 담배 한 개비, 값싼 시가 한 대가 나의 인생의 어느 순간을 부드럽게 채색한다. 미각과 후각의 그와 같은 미묘한 가능성을 통해서 나는 사라진 장면을 재건할 수 있는데, 이것은 과거로부터 […] 다시 한번 빌려오는 것이다. 그러므로 멀리 떨어진, 지루하고 사악하며, 중세처럼 내가 부득이하게 상실할 수밖에 없었던 18세기도 마찬가지이다.

106(173) 1930. 3. 14
빗소리에서 퍼지는 고요함이 내가 응시하는 비좁은 골목을 따라 회색빛 단조로움의 크레센도가 되어 점차 퍼진다. 나는 마치 그것이 전부인 양 유리창에 몸을 기대고 서서 깨어 있는 상태로 잠을 자고 있다. 지저분한 건물 정면 위로 확실히 나타나고, 열린 창문으로는 더욱 뚜렷하게 나타나는, 우울하게 빛나는 빗줄기 앞에서 내가 느끼는 이 감각이 무엇인지 나는 나 자신에게서 찾고 있다. 나는 내가 느끼는 것을 모르고, 내가 느끼고 싶은 것을 모르고, 내가 생각하는 것도, 내가 존재하는 것도 모른다.

　감각 없는 나의 눈앞에서 내 인생의 모든 때늦은 고통이 날마다 오랫동안 필요해서 걸쳤던 유쾌한 옷을 벗어던진다. 나는 자주 행복하고, 자주 기쁘지만, 항상 슬프다. 이것을 깨닫는 나의 일부가 내 뒤에 있는데, 마치 창문에 몸을 기대고 있는 나를 쳐다보고 있는 것 같다. 그리고 내 어깨와 머리 위에서 내 눈보다 더 친근한 눈으로 가볍게 물결치는 비를 응시한다.

　모든 의무를, 심지어 우리에게 요구한 적도 없는 의무를 포기하기, 모든 따스한 것을, 우리가 소유한 적도 없는 것을 거부하기, 광기의 화려한 진홍색과 꿈꾸는 왕의 거짓 레이스 사이에서 남은 흔적과 열망으로 살아가기……. 밖에서 내리는 비의 근심을, 혹은 내적인 공허함의 형벌을 느끼지 못하는 어떤 것이 되기……. 영혼도, 생각도 없이, 감각 자체를 배제하고 산을 둘러싼 도로를, 가파른 언덕 사이에 숨어 있는 계곡을 막연히, 저항할 수 없는 매력을 느끼며 정신을 집중하고 배회하기……. 그림 같은 풍경에 몰두하기. 색과 거리감에 신경 쓰지 않기…….

　창문 뒤에 있어서 나는 느끼지 못하는데, 가벼운 한 줄기 바람이 수직으로 떨어지는 빗물을 찢어 조각조각 분해한다. 하늘의 일부가 환해지지만, 나는 그것을 보지 못한다. 맞은편 창문의 다소 깨끗한 유리 뒤로 지금까지 보지 못했던 벽에 걸린 달력을 방금 알아보았기 때문에, 나는 이 사실을 알게 된다.

　나는 망각한다. 나는 보지 않는다. 나는 생각하지 않는다.

비는 그쳤지만 마치 커다란 식탁보를 털어서 아래로 떨어진 빵부스러기처럼 미세한 다이아몬드 가루 같은 빗방울이 남아 있다. 하늘의 일부가 벌써 파란색으로 변한 것이 느껴진다. 맞은편 창문을 통해서 더욱 뚜렷하게 달력이 보인다. 달력에는 한 여자가 있고, 나머지는 유명한 치약을 선전하는 광고이기 때문에 쉽게 알아볼 수 있다.

그러나 집중해서 보기 전에 나는 무엇을 생각하고 있었을까? 모르겠다. 욕망? 노력? 인생? 햇빛이 퍼지는 것을 보니 하늘이 거의 푸른색으로 돌아온 것이 느껴진다. 그러나 나의 마음속 깊은 곳에는 평화가 없다(아, 결코 평화는 없으리!) 팔린 시골 농지의 경계선에 위치한 낡은 우물 같고, 남의 집 다락방에서 보낸 먼지 자욱한 유년기에 대한 기억 같은 나의 마음. 내 마음에는 평화가 없다. 허나 어쩌나, 그것을 가지고 싶은 마음도 없는데……

107(178) 1931. 10. 7
흩어진 구름이 하늘 전체를 가득 채웠고, 그 위로 석양이 퍼진다. 온갖 색조로 반사된 부드러운 햇빛이 여러 형태의 상층부 공기를 가득 채우고, 상층의 커다란 불안 속을 아득하게 떠다닌다. 반쯤 햇빛이 비치고, 반쯤 그늘에 잠긴 뾰족한 지붕들 위로 지는 해의 마지막 느린 햇빛이 색깔 자체에 속하지도, 색을 띠는 사물에 속하지도 않는 색조를 띤다. 침묵 속으로 미끄러지고 있는 소란한 도시가 점차 위로부터 고요해진다. 색깔과 소음을 제외한 모든 것이 크게 심호흡을 한다.

해가 닿지 않는 색색의 주택들이 위에서부터 회색빛을 띠기 시작한다. 그 다양한 색에 냉기가 서려 있다. 작은 불안이 도로의 인공 계곡에서 잠을 잔다. 잠을 자고 휴식을 취한다. 좀더 아래쪽에 있는 구름 위로 햇빛이 조금씩 그림자로 변하기 시작한다. 순백의 독수리처럼 모든 사물 위에 떠 있는 저 작은 구름 위로만 해가 멀리서 황금빛 미소를 보낸다.

나는 내가 인생에서 찾았던 모든 것을 정확히 포기했다. 왜냐하면 내가 그것을 찾아야 했기 때문이다. 꿈에서 이미 망각했던 것을 정처 없이 추구하는 누군가처럼 나는 존재한다. 사물을 뒤지고, 자리를 옮기고, 배열하면서 구하는 분명한 손짓이, 찾고자 하는 부재하는 사물보다 현실적이다. 각각 정확히 손가락이 다섯 개인 길고 하얀 손 말이다.

내가 가졌던 모든 것은 다르면서도 획일적인 고고한 하늘처럼 먼 햇빛이 닿은 무(無)의 파편이고, 죽음이 멀리서 총체적인 진실이 담긴 슬픈 미소를 지으며 금빛 색조로 물들이는 거짓 인생의 부스러기이다. 그렇다, 내가 가졌던 모든 것은 찾을 수 없는 것이었다. 밤의 늪을 지배하는 영주이자, 텅 빈 무덤의 도시에서 사는 쓸쓸한 군주였던 것이다.

현재의 나에 관한 모든 것 혹은 과거의 나에 관한 모든 것, 혹은 현재 내가 존재하거나 과거에 존재했다는 것에 대해서 내가 생각하는 모든 것. 나는 갑자기 그것에 생각을 집중한다. 그러자 하늘의 높은 구름이 일시적으로 햇빛을 차단하는 그 순간에 비밀과 진실은, 또한 행운은 우리 인생 이면의 어떤 것 속에 있을 것이다. 이 모든 것이 현재 부재하는 햇빛처럼 내게 남는다. 높이가 다양한 지붕을 햇빛이 수직으로 비추자 단조로운 지붕들 위로 모든 사물 내부의 그림자가 나타난다.

머뭇거리며 흔들리는 물방울처럼 멀리서 작은 첫 별이 빛나기 시작한다.

108(182)

모든 사람들로부터 배울 수 있고 또 배워야 한다는 것은 인생의 규칙이다. 허풍선이와 강도에게서 배울 수 있는 인생의 진지함이, 바보들이 우리에게 가르쳐줄 수 있는 철학이, 우연히 그리고 그 우연에 속한 사람들을 통해서 우리가 배우는 단호한 교훈이 있다. 만물(萬物)에 모든 것이 있다.

마음속으로 생각에 잠길 때 정말로 정신이 또렷해지는 순간이 있다. 이른 오후에 도로를 관찰하면서 돌아다닐 때, 모든 사람이 내게 소식을 주고, 모든 집이 내게 색다른 경험을 주고, 모든 포스터가 내게 정보를 주는 그런 순간 말이다.

나의 조용한 산책은 지속적인 대화나 마찬가지이다. 우리 모두는, 사람들과 주택과 돌과 포스터와 하늘은, 모두 운명의 거대한 행진 속에서 말[言]로 헤치며 나아가는 거대하고 친밀한 군중이나 마찬가지이다.

109(190)

무엇인가를 끝낼 때마다 나는 항상 깜짝 놀란다. 깜짝 놀라면서 괴로워한다. 완벽주의에 대한 본능 때문에 나는 일을 끝낼 수 없을 것이다. 일을 시작할 수도 없을 것이다. 그러나 나는 잊어버리고 일을 한다. 내가 얻는 것은 의지의 적용에서 나오지 않고, 의지의 포기에서 나온다. 나는 생각할 힘이 없기 때문에 시작한다. 그러나 나는 멈출 용기가 없기 때문에 끝을 낸다. 이 책은 나의 비겁함을 말하고 있다.

나는 풍경의 일부를 기술하느라 생각을 중단하는 경우가 많은데—그 풍경은 가상이든 현실이든 어떤 방식으로든 나의 인상의 일반적인 체계 속에 편입된다—그 풍경의 문이 활짝 열리면 나는 나의 무능한 창작력을 알 수 있는 기회를 피한다. 나 자신과의 대화는 이 책을 구성하는 말인데, 이런 대화를 하는 도중에 나는 다른 누군가와 갑자기 말을 할 필요를 느낀다. 그래서 나는 지금처럼 주택의 지붕 위에 떠 있는 햇빛에게, 비스듬히 빛나기 때문에 축축한 듯이 보이는 햇빛에게 말을 건다. 조용히 무너질 수 있어서 가까운 듯이 보이는 도시의 언덕 위에서 부드럽게 흔들리는 키 큰 나무들에게, 지는 해가 아직 마르지 않은 축축한 풀을 노랗게 비추는 글자 같은 창문이 달린 가파른 주택 담벼락의 포스터에게 말을 건다.

글을 더 잘 쓰지 못하는데, 나는 왜 글을 쓸까? 글을 쓰는 동안 내가 나 자신보다 열등하다고 해서 내가 쓸 수 있는 것을 쓰지 못한다면 나는 어떻게 될까? 창작하려고 하기 때문에 나는 열망하는 동안 평민이 된다. 마치 어두운 방을 무서워하는 사람처럼 나는 침묵이 두렵다. 나는 노력보다는 메달을 더 중요하게 생각하고, 제복 위의 금장식 줄에서 영광을 느끼는 사람들과 같다.

  내게 글쓰기는 나 자신을 경멸하는 것이다. 그러나 나는 글쓰기를 그만둘 수가 없다. 글쓰기는 증오하지만 계속 취하는 마약과 같고, 경멸하지만 그 안에서 살아가는 악덕이나 마찬가지이다. 글쓰기에는 필요한 독이 있고, 영혼의 성분을 구성하는 아주 미묘한 것이 있다. 폐허가 된 꿈의 잔해에서 모은 약초와 무덤 근처에서 찾은 검은 양귀비 […]. 영혼의 시끄러운 강둑 위로 가지를 흔드는 역겨운 나무의 기다란 잎사귀가 있다.

  그렇다. 글쓰기는 길을 잃는 것을 의미한다. 그러나 인생의 모든 것은 상실이므로, 모두가 길을 잃는다. 허나 자신이 태어난 곳인 줄 모르고 강어귀로 흘러가는 강물과 달리 나는 만조(滿潮) 때 해변에 고인 물웅덩이처럼—이 물은 모래에 흡수되어 결코 바다에 돌아가지 않는다—길을 잃을 때 기쁘지 않다.

110(200) 1931. 12. 20

진정 잠을 깬 적이 없노라고 나는 거의 확신했다. 사는 동안 내가 꿈을 꾸지 않은 것인지, 꿈을 꿀 때 내가 살지 않은 것인지, 혹은 꿈과 인생이 내 안에서 혼합되어 나를 가로지르면서 상호 침투한 결과 나의 의식적인 존재가 형성된 것인지 나는 모르겠다.

때때로 내가 활기에 넘쳐 살 때, 다시 말해서 모든 사람처럼 나 자신에 대해서 명백히 확신할 때, 의혹이라는 이상한 감각이 나의 망상을 침입한다. 나는 내가 존재하는지 모르겠다. 내가 다른 누군가의 꿈일 수도 있을 듯싶다. 나는 커다란 이야기가 완성한 진실 안에서 파동이 긴 다른 누군가의 문체 사이를 움직이는 단편소설의 주인공이 될 수도 있다고 거의 육감적으로 상상한다.

소설 속에 등장하는 몇몇 인물들이 우리에게 중요한 인물이 된다는 것을 나는 자주 깨달았다. 눈에 보이는 현실 세계에서 우리에게 말하고, 우리 이야기를 듣는 우리의 친구들과 지인들은 그런 것을 결코 가질 수 없는데 말이다. 그러므로 총체적인 세계에서 모든 것은 꿈과 소설을 잇달아 연결시킨 것일지도 모른다는 의혹이 생긴다. 더 큰 상자 안에 들어 있는 그보다 작은 상자처럼 말이다(각각의 상자는 또다른 상자 속에 있다). 요컨대 모든 것이 영원한 밤에 거짓말로 전개되는 『천일야화』처럼 여러 이야기들이 들어 있는 하나의 이야기인 것이다.

생각을 해보면, 모든 것이 불합리한 듯하다. 감각을 느끼면, 모든 것이 이상한 것 같다. 내가 원하면, 원하는 것은 내 안에 있는 무엇이다. 내 안에서 무슨 일이 생길 때마다 나는 내가 아니었다는 것을 깨닫는다. 꿈을 꾸면, 누군가 나를 글로 쓰고 있는 것 같다. 감각이 일어나면, 누군가 나를 그리고 있는 것 같다. 내가 뭔가를 원하면 나는 운반할 상품처럼 짐마차에 실린 것 같고, 나의 것인 듯한 움직임을 통해서 그곳에 도착하자마자 나는 가고 싶지 않았던 곳을 향해 가는 것 같다.

  모든 것이 얼마나 복잡한가! 생각하는 것보다 보는 것이, 글쓰기보다 읽기가 얼마나 더 좋은가! 내가 잘못 생각하는 것일 터이나, 내가 보는 것이 나의 것은 아닐 것이다. 내가 읽는 글이 나는 마음에 들지 않을 터이나, 내가 그것을 썼다는 생각 때문에 불안하지는 않다. 의식을 통해서 우리는 우리가 안다는 것을 알지만, 그 의식의 2차 분열을 통과한 정신적인 존재로서 우리가 생각한다는 의식을 통해서 생각한다면, 모든 것이 얼마나 고통스러울까! 그날이 정말 아름다워도 나는 그렇게 생각하지 않을 수가 없다. 생각하기, 느끼기, 아니면 무대 가장자리에 밀어둔 무대장치 사이에 놓을 세 번째 가능성이 있을까? 황혼과 게으름으로 인한 지루함, 접어둔 부채, 의무적으로 살아가야 하는 피곤함…….

111(202)

남들이 보기에 신비로운 인생이 되도록 우리의 인생을 조직해야 한다. 그러므로 우리를 더 잘 아는 사람들은 남들보다 좀더 가까이 있을 뿐이지 남들만큼이나 우리를 모른다. 나는 거의 생각하지 않은 채 그렇게 나의 인생을 새겼다. 그러나 그렇게 하기 위해서 본능적인 기술을 사용한 나머지 나는 나 자신에게도 완벽히 확실하고 투명한 나의 개체가 된다.

112(203)

광인들(체계적으로 미친 자들)이 그들 자신에게 그리고 타인에게 그들의 미친 생각을 정당화할 때 보이는 그런 선명함과 일관적인 논리를 가지고 관찰했을 때, 나는 나의 선명함의 선명함에 대한 확신을 영원히 잃고 말았다.

113(205)

나는 나를 찾고 있으나 나를 만나지 못한다. 나는 긴 꽃병에 꽂힌 국화의 명확한 시간에 속한다. 나는 내 영혼을 장식해야 한다.

나의 정신의 본질을 정의하기 위해서 어떤 특별히 공들인 멋진 세부묘사를 골라야 할지 나는 모르겠다. 내가 이렇게 장식을 좋아하는 이유는, 내가 그것에서 나의 영혼의 실체와 동일한 어떤 것을 느끼기 때문이다.

114(206)

내 마음의 인간적인 건조함을 인지하는 것이 슬픈지 혹은 그렇지 않은지 나는 모르겠다. 나는 영혼의 현실적인 고통보다 형용사 하나에 더 신경을 쓴다. 나의 스승 비에라 […].

그러나 때때로 나는 다르다. 나는 현재 어머니가 없으며 과거에도 어머니가 없었던 자들이 흘리는 뜨거운 눈물을 흘린다. 그렇게 고인 눈물 때문에 따가운 나의 두 눈이 내 마음속에서 붉게 타오른다.

나는 내 어머니에 대한 기억이 없다. 어머니는 내가 고작 한 살 때 돌아가셨다. 나의 감수성이 거칠고 이리저리 흩어진 까닭은 모두 그런 열기가 부족한 탓이고, 나는 기억하지 못하는 입맞춤에 대한 쓸데없는 향수 때문이다. 나는 사기꾼이다. 오직 잘못된 길로만 마음이 뜨거워진 나는 타인의 젖가슴에 대해서는 늘 정신이 깨어 있었다.

아, 그것은 내 것이 될 수도 있었을 타인의 향수인데, 그것이 내 마음을 흔들고 괴롭히다니! 자궁에서부터 아기의 얼굴에 입을 맞출 때까지 자연스럽게 솟아나는 애정을 내가 받았다면 나는 지금 누가 되어 있었을까?

비록 원하지는 않지만, 나는 나의 치명적인 감수성의 복잡한 심연에서 이 모든 사물이 된다.

누군가의 아들이 된 적이 없었다는 향수가 나의 감상적인 무관심을 크게 압박할 수도 있으리라. 내가 어렸을 적에 나를 꼭 안아주었던 사람은 나를 진심으로 안아줄 수 없었다. 그녀는 멀리 무덤에 있었다. 운명이 내게 속하기를 원했다면 내게 속했을 그 어머니는 말이다.

나중에 내 어머니가 미인이었다는 말을 들었을 때, 내가 아무 말도 하지 않았다고 사람들이 말했다. 나는 이미 몸과 마음이 성장했지만, 정서에 대해서는 무지하다. 말은 상상하기 어려운 다른 책이 주는 정보가 아직은 아니었다.

멀리 살았던 나의 아버지는 내가 세 살 때 자살했으며, 나는 아버지를 결코 알지 못했다. 그가 왜 멀리 살았는지 나는 아직도 모르겠다. 나는 그 이유도 전혀 궁금하지 않았다. 내가 기억하기로 그의 부고(訃告)가 전해졌을 때, 점심식사를 하던 식탁의 분위기는 아주 심각했다. 아직도 기억나는데, 사람들은 자꾸 나를 쳐다보았다. 그리고 나는 나대로 제대로 이해하지도 못한 채 그들을 바라보았다. 이윽고 나는 더욱 조심스럽게 식사를 했는데, 나는 그들을 쳐다보지 않았는데도 그들은 나를 계속 바라보았기 때문이었을 것이다.

115(211)
때때로 활동을 통해서 그것을 이겨낼 수 있으리라는 아주 사소한 가정도 하지 못할 정도로 너무 끔찍한 인생의 피곤함이 나의 감각 속에 나타날 때가 있는데, 이런 것은 거의 갑자기 나타난다. 그것을 막기 위해서는 자살도 불확실한 듯이 보인다. 그러나 죽음은 비록 그것이 무의식을 가정한다고 해도 불충분한 듯이 보인다. 그것은 존재를 중지하는 것이(그것이 가능하다면) 아니라 그보다 더 무섭고 심오한 어떤 것이 되는 피곤함이다. 심지어는 과거의 존재를 중지하는 것도 불가능하다.

때때로 나는 공허함보다 더 부정적인 이와 같은 야망에 대한 암시를 종종 혼란스러운 인디언 철학에서 발견하는 것 같기도 하다. 그러나 그들의 생각을 이런 식으로 표현하거나 그들의 느낌을 이런 식으로 느낄 때는 감각의 예리함도 사고의 섬세함도 부족하다. 사실 그들의 철학에서 얼핏 볼 수 있는 것을 나는 명확하게 보지 못한다. 차라리 내가 이 해결할 수 없는 감각의 사악한 불합리를 처음으로 말로 표현했을 것이다.

그리고 나는 그것에 대해서 글로 쓰면서 그것을 물리친다. 그렇다. 그와 같은 불합리가 진정 심오한 것이고, 순수한 느낌이 아니라 지성이 개입한 것이라면, 그것을 글로 표현하려는 반어적인 치료법을 요구하지 않는 고통은 없다. 문학이 그다지 유용하지는 않지만, 그런 점은 가지고 있다. 그것이 비록 소수에게 해당되기는 하지만.

불행하게도 지성이 주는 고통은 느낌이 주는 고통보다 덜하다. 느낌이 주는 고통은 불행히도 몸이 주는 고통보다 덜하다. 내가 불행히도라고 말한 것은 인간의 존엄성은 정반대의 것을 요구할 것이기 때문이다. 인생의 신비에 대한 어떠한 괴로운 감각도 사랑과 질투와 향수만큼 상처를 줄 수 있는 것은 없고, 거대한 물리적 공포만큼 질식하게 만들 수 있는 것도, 분노나 야망처럼 사람을 변하게 할 수 있는 것도 없다. 그러나 그와 동시에 영혼을 황폐하게 하는 고통 중 그 어떤 것도 치통이나 복통 혹은 생각건대 출산의 고통만큼 진정한 고통이 될 수는 없다.

우리의 지성은 다른 모든 감각이나 정서보다 어떤 특정한 감각이나 정서를 고양시키면서 그것을 고귀하게 만든다. 비록 그 모든 감각이나 정서를 서로 비교하면서 그 분석의 폭을 넓히기는 하지만 말이다.

나는 잠을 자는 사람처럼 글을 쓴다. 그리고 나의 인생 전체는 서명을 해야 하는 영수증이나 마찬가지이다.

수탉은 닭장을 나와 죽음을 맞이하러 갈 터인데, 사람들이 횃대 두 개를 주었기 때문에 바로 그 닭장 안에서 자유에 대한 찬가를 부른다.

116(214)
내가 모든 사람을 부러워하는 것은 그들이 내가 아니기 때문이다. 불가능한 모든 일들 중에서 그것이 내게는 가장 불가능한 일처럼 보였고, 그것이 나의 일상의 가장 큰 근심이 되었으며, 모든 슬픈 시간을 가득 채우는 나의 절망이 되었다.

117(215) 고통스러운 막간
구석에 던져진 물건 같고, 도로에 버려진 걸레 같은 나의 미지의 존재가 인생 앞에서 자기 자신인 척한다.

118(219)
시간이 거대한 고통처럼 느껴진다. 모든 사물을 두고 떠날 때마다 나는 항상 과장된 감동을 느낀다. 몇 달간 살았던 초라한 월세방, 엿새 동안 묵었던 시골 여관의 탁자, 심지어는 기차를 기다리느라 2시간 동안 머물렀던 기차역의 서글픈 대합실까지 그러하다. 그러나 인생의 좋은 물건을 두고 떠나면서 대개 바로 그 정확한 순간에 내가 그것을 앞으로 볼 수도 결코 가질 수도 없을 것이라고 나의 신경의 모든 감수성을 동원하여 생각할 때, 그것들은 형이상학적으로 나에게 상처를 준다. 나의 영혼에 심연의 문이 열리자 하느님의 시간에서 차가운 바람이 불어와 창백한 내 얼굴을 스친다.

시간! 과거! […] 나는 과거의 내가 결코 될 수 없으리라! 내가 과거에 가졌던 것을 다시 가질 수는 없으리라! 죽은 자들! 어린 시절 나를 사랑했던 죽은 자들. 내가 그들을 회상하면, 나의 모든 영혼이 얼어붙고, 나는 모두 잠겨 있는 침묵하는 대문 앞에 선 거지처럼 울면서 나 자신만의 밤에 혼자서 외로움을 느낀다. 그리고 나는 모두의 심장으로부터 유배를 당한 것 같다.

119(220)

하느님은 어린아이가 되기 위해서 나를 창조했고, 나를 늘 어린아이로 남겨두었다. 왜 하느님은 인생이 나를 때리고, 나의 장난감을 훔치고, 오락시간에 나만 혼자 내버려두고, 눈물에 젖은 나의 하늘색 앞치마를 그렇듯 허약한 두 손으로 구기는 것을 허락했을까? 나는 애정 없이 살 수가 없었는데, 왜 내게서 그 애정을 박탈했을까? 아, 거리에서 우는 아이를 볼 때마다, 타인과 멀리 떨어진 아이를 볼 때마다 그것은 지친 나의 가슴이 뜻하지 않게 고통을 느끼며 보는 어린아이의 슬픔보다 더 깊은 상처를 내게 준다. 나는 지금까지 살았던 나의 인생의 모든 단계에 고통을 느낀다. 앞치마의 가장자리를 잡아당기는 두 손은 나의 것이고, 진정한 눈물로 일그러지는 입도 나의 것이며, 고독도 나의 것이다. 그리고 어른이 된 인생의 웃음소리는 내 심장의 민감한 부싯깃을 스친 성냥의 불꽃처럼 나를 지치게 한다.

120(222)
모든 것이 혼란스럽다. 내가 무엇인가를 기억하고 있다고 생각할 때, 사실 나는 다른 것을 생각하고 있다. 내가 바라보고 있다면, 나는 아무것도 보지 않지만, 정신이 다른 곳에 팔려 있을 때는 모든 것을 선명하게 보고 있다.

만지면 차가운 회색 유리창으로 나는 어깨를 돌린다. 그러자 어스름의 마법 때문에 나는 갑자기 가까운 안뜰에서 앵무새가 울곤 하던 옛날 집에 들어가 있다. 그러자 실제로 경험했던 것을 되돌릴 수 없기 때문에 나의 두 눈은 잠이 든다.

이틀 전부터 비가 내리고, 차가운 회색 하늘에서 영혼을 아프게 하는 색을 머금은 빗물이 떨어진다. 이틀 전부터……나는 느끼기 때문에 슬프다. 물이 뚝뚝 떨어지는 소리와 빗소리가 들리는 창문 앞에서 나는 그 점에 대해서 생각한다. 가슴이 답답해지고 기억은 고통으로 변한다.

졸리지도 않고 잠을 자야 할 이유도 없지만, 나는 정말 잠을 자고 싶다. 언젠가 행복했던 어린 시절에, 옆집의 안뜰에서 깃털 색이 다채로운 초록 앵무새가 울곤 했다.

비가 계속되는 날이면 앵무새 우는 소리가 슬프게 변했다. 새는 자신의 새장에서 안전하게 있으면서도 어떤 감정을 지속적으로 외치곤 했다. 감정은 마치 미리 감아놓은 축음기처럼 점차 슬픔으로 번졌다.

혹시 내가 그 앵무새를 떠올렸던 것일까? 내 마음이 슬프고, 먼 유년기의 기억이 그 앵무새를 상기시키기 때문에? 아니다. 사실 지금 이 순간 맞은편 안뜰에서 앵무새가 꽥꽥 울어대는 소리가 들렸기 때문에 내가 그것을 생각했던 것이다.……우리는 그렇게 상상을 통한 에피소드를 현실이라고 부른다.

121(225)
알 수 없는 심오한 나의 영혼에 나는 나 자신의 무의식을 구성하는 인상을 날마다 기록한다. 그것을 쓰는 순간 나로부터 도망쳐서 배회하는 단어들로 나는 그 인상을 번역한다. 그리하여 그 단어들은 나와는 무관하게 이미지의 급경사와 풀밭을, 개념의 가로수 길을, 혼란의 골목길을 떠돈다. 내게는 아무것도 쓸모가 없기 때문에, 이것은 내게 아무런 소용이 없다. 그러나 나는 글을 쓰면서 근심에서 벗어난다. 병은 낫지 않았어도 더 잘 호흡하는 사람처럼 말이다.

딴 생각을 하면서 끝이 말린 압지 위에 부조리한 이름을 쓰고 밑줄을 긋는 사람들이 있다. 이런 페이지는 나의 지적인 무의식이 나에 대해 끄적이는 낙서와 같다. 나는 햇볕을 쬐는 고양이처럼 몽롱하게 나를 느끼면서 이 페이지를 적어두고, 늘 망각했던 어떤 것을 기억해낸 양 뒤늦게 둔한 몽롱함에 빠져 때때로 그것을 다시 읽는다.

글을 쓸 때, 나는 엄숙하게 나를 방문한다. 내게는 막간을 이용하여 상상을 할 때, 타인이 상기시키는 특별한 방이 있다.

나는 그 방에서 내가 느끼지 않은 것을 재미나게 분석하고 어둠 속에 매달린 그림을 보듯이 나를 응시한다.

나는 태어나기도 전에 나의 옛 성(城)을 잃어버렸다. 내가 존재하기도 전부터 조상대대로 내려오던 나의 성의 태피스트리가 팔렸다. 내가 태어나기 전에 존재했던 나의 저택은 이젠 무너져 폐허가 되었다. 그리하여 강가의 갈대밭 너머로 내 안에서 달이 떠오르는 어느 순간에만 나는 그 집터에서 나오는 냉랭한 향수를 느낀다. 그곳에서 벽의 허전한 잔해가 우윳빛을 띤 노란색으로 점차 색이 엷어지는 감색 하늘을 배경으로 검은 윤곽을 드리운 채 서 있다.

나 자신이 스핑크스로 분할된다. 쓸모없는 벽걸이 천에 그려진 한 장면처럼 내게 없는 여왕의 무릎에서 잊고 있던 내 영혼의 실타래가 떨어진다. 실타래가 상감세공을 한 상자 밑으로 굴러가자, 내 안에서 마치 눈으로 쫓듯이 상자를 따라가던 어떤 것이 마침내 무덤과 죽음이 주는 거대한 공포 안에서 길을 잃고 만다.

122(226)

인생의 방향과 목표에서 나는 나 자신을 배척했고, 사물과의 접촉을 나 스스로 파괴했는데, 그것은 결국 내가 회피하고자 했던 것으로 정확히 나를 이끌었다. 나는 인생을 느끼고 싶지도 사물과 접촉하고 싶지도 않았으며, 나의 기질이 세상의 오염을 경험하면서 인생에 대한 나의 감수성은 항상 고통스러웠다는 것을 알고 있다. 그러나 그런 접촉을 회피하면, 나는 스스로 고립되면서 이미 과도한 나의 감수성을 악화시켰다. 사물과의 접촉을 완전히 중단할 수 있다면, 그것은 나의 감수성에 이로울 것이다. 그러나 그런 총체적인 고립은 일어날 수 없다. 아무리 작은 양이라고 할지라도 나는 호흡을 하고, 아무리 조금 행동할지라도, 나는 몸을 움직인다. 그러므로 고립을 통해서 감수성을 악화시키면서 나는 처음에는 내게 중요하지 않았을 아주 사소한 사건들이 마치 파국처럼 나에게 상처를 줄 수 있다는 것을 알고 있다. 나는 도망치는 방법을 잘못 선택했다. 나는 불편한 전략을 통해서 내가 있었던 바로 그곳을 향해서 도망쳤다. 그곳에서 사는 것에 대한 역겨움에 덧붙여 여행의 피곤함까지 느끼면서 말이다.

인생에 느끼는 애정으로 인해서 인생을 증오하기 때문에, 나는 결코 자살을 해결책으로 여기지 않았다. 나는 고통스러운 실수로 나 자신과 동거하는데, 그 실수를 이해하는 데에 시간이 꽤 걸렸다. 일단 확신을 하면 나는 불쾌감을 느낀다. 이런 일은 내가 무엇인가를 확신할 때마다 일어나는데, 나에 대한 확신은 항상 환영의 상실을 의미하기 때문이다.

의지를 분석하면서 나는 그 의지를 죽였다. 비록 의지가 생기기 이전의 시기일지라도 분석하는 법을 배우기 이전의 유년기로 나를 되돌릴 자는 누구인가!

죽음과 같은 잠이 지배하는 나의 정원에는 정오의 태양이 비치는 수영장의 졸음이 있다. 그 정오에 곤충들의 울음소리가 들끓고, 인생은 슬픔이 아니라 끝이 없는 육체적 고통처럼 나를 짓누른다.

머나먼 저택, 꿈꾸는 정원, 멀리 떨어진 가로수 길의 병목 구간, 한때 존재했던 자들을 위한 돌 의자의 묘지 같은 품위―생기 없는 화려함, 타락한 품위, 잃어버린 모조 보석. 나는 당신을 꿈꿨을 때 고통을 느꼈고, 그 고통을 적어도 다시 찾을 수 있다면, 나는 나의 불안을 망각할 것이다.

123(229) 1931. 10. 16
나는 항상 빈정대는 몽상가였으며, 나 자신과 한 약속에 충실하지 못했다. 존재한다고 믿었던 것에 우연히 참여하면서 마치 이방인처럼 나의 방랑은 항상 실패를 맛보았다. 나는 나의 신념을 결코 신뢰한 적이 없었다. 나는 손에 모래를 가득 채운 다음 그것을 금이라고 생각했으며, 손바닥을 펴서 그것이 손가락 사이로 빠져나가도록 했다. 문장이 유일한 진실이었다. 문장이 일단 말로 표현되면, 모든 것이 끝났고, 나머지는 과거에 항상 있었던 모래였다.

늘 꿈을 꾸고, 나 자신에 대해서 영원히 이질적인 상태로 살아가지 못한다면, 나는 나를 리얼리스트라고 행복하게 말할 수 있을 것이다. 다시 말해서 외부 세계가 독립적인 국가나 마찬가지인 그런 사람 말이다. 그러나 나는 내게 이름을 주고 싶지 않고, 막연한 어둠 속에서 존재하는 자가 되고 싶고, 나를 예측할 수 없는 신랄한 기쁨을 느끼고 싶다.

내게는 늘 꿈을 꾸어야 한다는 일종의 의무감이 있다. 다른 사람이 되지 못하고, 나 자신에 대한 관찰자 외에 다른 무엇이 되고 싶지도 않기 때문에 나는 내가 할 수 있는 최고의 공연을 해야 한다. 그러므로 나는 나를 금과 실크로 치장하여 상상의 방, 고대를 배경으로 하는 거짓 무대에 세운다. 부드러운 빛이 흔들리고 보이지 않는 음악 소리가 들리는 중에 만들어진 꿈인 것이다.

달콤한 키스를 추억하듯이, 반달 모양의 파란 무대가 실현 불가능한 저택의 테라스를 표현하는 극장에 대한 어린 시절의 추억을 나는 마음속에 간직하고 있다. 그 주위에는 역시 색이 칠해진 넓은 정원도 있었으며, 마치 현실인 것 같은 그 모든 것에 나는 나의 영혼을 쏟았다. 그렇듯 인생의 경험을 하는 상상의 순간에 감미롭게 울리는 음악이 공짜로 만든 그 무대를 뜨거운 현실로 데려갔다.

무대는 명확히 파란색이었고, 반달 모양이었다. 무대에 누가 등장했는지 나는 기억하지 못한다. 그러나 내가 기억해낸 풍경에 배치한 연극은 베를렌(Paul Verlaine, 1844-1896 : 프랑스 상징주의 시인/역주)과 페사냐(Camilo Pessanha, 1871-1926 : 위대한 상징주의 시인인 그는 마카오에서 대부분의 생애를 보냈고, 그곳에서 사망했다/역주)의 시구를 보고 내가 오늘 떠올린 것이다. 그 연극은 오랫동안 잊힌 것이 아니었다. 그것은 파란색 음악이 있는 현실을 초월한 진짜 무대에서 공연되었다. 그것은 나만의 연극이었고, 반달 모양의 규모가 크고 불안정한 가면무도회였으며, 바랜 파란색과 달빛이 빛나는 막간 희극이었다.

이윽고 인생이 끼어들었다. 그날 저녁 그들이 나를 레앙(지식인들이 주로 모이는, 리스본에서 유명한 커피숍/역주)으로 데려가 저녁식사를 했다. 나는 나의 향수(鄉愁) 취향에 반하는 비프스테이크의 맛을 아직도 기억하고 있다. 내가 아는 한, 오늘 그 비프스테이크를 요리할 수 있는 사람은 아무도 없거니와, 나 또한 앞으로도 그것을 맛보지 못할 것이다. 모든 것이 내 안에서 뒤섞인다. 어느 먼 곳에서 살았던 나의 유년기, 맛있는 저녁식사, 반달 모양의 무대장치, 미래의 베를렌과 현재의 내가 말이다. 과거의 것과 현재의 것 사이에 존재하는 허구의 공간에서 굴절된 모양으로 흩어지면서 말이다.

124(157) 1916. 7. 18
해답이 있는 문제는 없다. 고르디우스의 매듭(Gordian knot : 알렉산드로스 대왕이 칼로 잘랐다고 하는 전설 속의 매듭이다. 대담한 방법을 써야만 풀 수 있는 문제라는 뜻으로 쓰인다/역주)을 풀 수 있는 사람은 아무도 없다. 우리는 모두 포기하거나 잘라버린다. 우리는 지성의 문제를 감각으로 갑자기 해결한다. 우리가 그렇게 하는 것은 생각하기가 피곤한 탓이며, 결론을 도출하기가 두려운 탓이기도 하고, 지지를 얻기 위한 터무니없는 필요 때문이기도 하고, 혹은 타인들과 인생으로 다시 돌아가고 싶은 충동 때문이기도 하다.

어떤 문제와 관련된 모든 요소를 알 수 없으므로 그런 문제는 결코 해결될 수 없다.

진실에 도달하기에는 우리에게 그 자료를 철저히 해석하는 지적인 과정과 충분한 자료가 부족하다.

125(233)

타인의 입장에서 볼 때 타인이 되는 개인으로서, 우리가 우리 자신을 의식하는 우연하고도 공평한 순간에, 나를 바라보고 기회가 있을 때나 일상적으로 내게 말을 거는 사람들에게 내가 보여주는 정신적이며 육체적인 모습을 생각하느라 나는 늘 고심했다.

우리는 모두 우리 자신을 본질적으로 정신적인 실체로 보는 데에 익숙한 반면, 타인을 육체적인 실체로 본다. 타인의 눈에서 우리가 깨닫는 효과 때문에 우리는 우리가 물질적인 존재라고 막연히 생각한다. 하지만 우리는 타인을 정신적인 존재로 어렴풋이 생각한다. 그러나 사랑에 빠지거나 갈등이 생겼을 때에만 우리 자신에게 영혼이 있듯이 타인에게도 영혼이 있다는 사실을 모호하게나마 의식한다.

그러므로 나는 때때로 나를 보고 있는 사람들에게 내가 어떤 유형의 사람으로 보이는지, 내 목소리는 어떤지, 타인의 무의식적인 기억에 내가 어떤 종류의 인상을 남기는지, 나의 몸짓과 말과 외적인 인생이 타인의 해석의 망막 속에 어떤 식으로 각인되는지 쓸데없는 상상에 빠진다. 나는 결코 바깥에서 나를 볼 수 없었다. 외적인 존재로서의 우리 자신을 우리에게 비춰주는 거울은 없다. 왜냐하면 우리 자신의 바깥으로 우리를 이끄는 거울이 없기 때문이다. 우리에게는 또다른 영혼이, 다르게 보고 생각하는 방식이 필요할 것이다. 내가 영화배우이거나 나의 큰 목소리를 디스크에 녹음할 수 있다고 해도 나는 내가 다른 편에 존재한다는 것을 똑같이 모르고 있을 것이다. 왜냐하면 내가 어떤 것을 원하든, 나에 대한 어떤 것을 녹음하든 나는 항상 나를 의식하는 의식의 높은 벽으로 둘러싸인 정원 안에 있기 때문이다.

남들도 나와 똑같이 느끼는지 나는 모르겠다. 본능적으로 소외에 도달할 정도이고, 자신의 의식을 모르는 이방인으로서 인생에 참여할 정도로 자기 자신에게 이방인으로 있는 것이 생명 과학의 본질인지 나는 모르겠다. 혹은 꿀벌들이 어떤 나라보다 더 조직적인 사회를 건설하고, 개미들이 아주 작은 안테나로 그들끼리 의사소통하는(결과적으로 인간들 사이의 완벽한 몰이해를 뛰어넘는다) 그런 기적 덕분에, 외부에서 살면서 나보다 더 내향적인 타인들이 다름 아닌 그들 자신밖에 될 수 없는 야만성에만 빠지게 될지 나는 모르겠다.

현실 의식을 보여주는 지리학은 복잡한 해안선 중의 하나이며, 울퉁불퉁한 산과 호수이다. 그리고 모든 것이, 내가 그것에 대해서 오랫동안 생각한다면, "사랑의 지도(마들렌 드 스퀴데리[Madeleine di Scudéry, 1607-1701]가 소설에 묘사한 사랑나라의 지도[Pays du Tendre]를 말한다/역주)"나 『걸리버 여행기』

에 나오는 것과 비슷한 지도처럼 보인다. 어디에 정말 나라가 있는지 알고 있는 우수한 존재의 오락을 위해서 환상적이고 풍자적인 책에 정확하게 그린 놀이 지도처럼 말이다.

생각하는 사람에게는 모든 것이 복잡하다. 물론 생각은 그것이 주는 기쁨 때문에 그를 더욱 복잡하게 만든다. 그러나 생각하는 사람은 거짓말쟁이들의 변명처럼 과장해서 꾸민 폭넓은 이해의 선언문을 가지고, 식물의 뿌리를 흔들 때 흙이 떨어지듯이 거짓말의 뿌리를 드러내는 과도한 디테일을 가지고 자신의 기권(棄權)을 정당화할 필요가 있다.

모든 것이 복잡하다. 아니 어쩌면 내가 복잡한 사람일 수도 있다. 그러나 그것은 중요하지 않다. 왜냐하면 중요한 것은 아무것도 없기 때문이다. 이 모든 것은, 중심 도로에서 떨어진 이 모든 고찰은 올라가야 할 벽에서 너무 멀리 떨어져서 자란 덩굴식물처럼 배제된 신들의 정원에서 식물처럼 성장한다. 뒤죽박죽 체계가 없는 나의 이러한 고찰을 결론 없이 종결짓는 이 밤에, 위대한 운명 때문에 생겨난 별들이 존재하기도 전에 고아가 된 인간의 영혼이 진정 아이러니하게도 그런 생각을 불쑥 했다는 것이 우습다.

126(234)

이해하기 위해서 나는 스스로 폐인이 되었다. 이해는 사랑하고 있음을 잊는 것이다. 레오나르도 다 빈치의 진술보다 더 거짓되면서도 동시에 의미심장한 말을 나는 아무것도 알지 못한다.

그에 따르면 어떤 것을 이해하고 나면 사람들은 그것을 사랑하거나 혹은 증오할 수 있다.

고독은 나를 괴롭히지만, 친구는 나를 압박한다. 다른 사람과 함께 있으면 나는 생각이 빗나간다. 왜냐하면 나는 나의 모든 분석적인 관심으로는 정의할 수 없는 특별히 산만한 방식으로 그의 현존을 꿈꾸기 때문이다.

127(235)
고립은 내게 그것의 이미지와 닮은꼴을 새겨놓았다. 타인이 함께 있으면(단 한 사람으로도 충분하다) 즉시 나의 생각의 속도가 느려진다. 평범한 사람이라면 타인과의 접촉이 감정표현과 대화를 자극하지만, 내게 그런 접촉은, 이런 단어가 언어학적인 관점에서 수용 가능할지 모르겠지만, 반(反)-자극이다. 나는 혼자 있을 때, 제법 많은 좋은 경구(警句)와 아무도 말하지 않았던 것에 대한 신속한 대답과, 누구와도 나눈 적이 없는 사교적으로 번득이는 재담을 상상할 수 있다. 그러나 다른 사람 앞에 서면 이 모든 것이 사라진다. 나는 지성을 잃고, 말을 할 수 없으며, 잠시 후면 오직 졸릴 뿐이다. 그렇다. 타인과의 대화는 나를 졸리게 한다. 나의 상상 속의 유령 친구들만이─나의 대화는 오직 꿈속에서만 이루어지는데─진정한 현실이며, 강조되어 마땅하다. 그들 속에서 정신은 거울 속의 이미지처럼 현존한다.

게다가 나는 타인과 의무적으로 접촉하는 것에 혐오감을 느끽다. 친구의 단순한 저녁식사 초대에도 나는 말할 수 없는 고통을 느낀다. 무엇이든 사회적인 의무에 대한 생각만 해도(장례식 가기, 누군가와 사무실 문제에 대해서 논의하기, 아는 사람이든 모르는 사람이든 누구라도 마중을 하러 기차역에 가기) 나는 하루 종일 생각이 혼란스럽고, 때로는 그 전날 밤부터 걱정이 되어 잠을 제대로 이루지 못한다. 그러나 나중에 그런 일이 실제로 발생하면, 그 일은 절대적으로 무의미한 사건이 되며, 수많은 문제들을 정당화하지도 못한다. 그러나 그런 일은 반복되고 나는 결코 교훈을 얻지 못한다.

"나의 습관은 사람들이 아니라 고독에 속한다." 루소가 한 말인지 아니면 세낭쿠르(Étienne Pivert de Senancour, 1770-1846 : 19세기 낭만주의 사조의 선구자인 프랑스 작가. 주요 작품으로는 『오베르망』이 있다/역주)가 한 말인지 모르겠다. 어쨌든 그는 나와 동일한 정신을 소유한 자였다. 허나 나는 내가 가진 특성만을 말할 수 있을 것이다.

128(237)
보통 사람들이 감수성을 통해서 생각을 하는 반면, 나는 지성을 통해서 느낀다. 다른 것에 비해서 늘 모순적으로 나를 따르는 심오한 감각은 바로 그런 사실에 연유한다.

보통 사람들에게 느끼는 것은 살아가기를 의미하고, 생각하는 것은 살아갈 수 있음을 의미한다. 내게 생각하기는 살아가기이고, 느끼기는 생각에 영양소를 공급하는 것에 불과하다.

내가 쉽게 열광할 수 없는 것이 나와 정신이 동일한 부류가 아니라 나의 기질을 억압하는 자들을 통해서 어떻게 더욱 촉진되는지 보는 것은 흥미롭다. 문학에서 나는 특히 고전작가들을 좋아한다. 그들은 나를 덜 닮은 자들이다. 샤토브리앙을 읽을지 비에라를 읽을지 선택해야 한다면, 나는 두 번 생각도 않고 비에라를 고를 것이다.

어떤 사람이 나와 다르면 다를수록 나는 그가 더욱 현실적으로 보인다. 왜냐하면 그는 나의 주관성에 덜 의존하기 때문이다. 그렇기 때문에 내가 항상 관심을 두고 연구하는 대상은 내가 먼 거리를 유지하고, 경멸하는 평범한 인류 그 자체이다. 내가 인류를 증오하는 것은 인류를 사랑하기 때문이다. 나는 인류를 느끼는 것이 괴롭기 때문에 인류를 관찰하는 것이 좋다. 그림으로 보면 훌륭한 풍경은 일반적으로는 불편한 침대와 같다.

129(241)

고통 받는 타인들과 위로 받지 못한 타인들을 코앞에 둔 인간의 마음을 기쁘게 하는, 모호하면서 거의 헤아릴 수 없는 그런 사악함이 있는데, 나는 나의 고통을 조사할 때 그것을 제시한다. 그리고 내가 우습거나 초라하다고 느끼는 경우 나는 그 일이 마치 타인에게 생긴 일인 양 재미있어할 정도로 그것과 멀찍이 떨어져서 거리를 유지한다. 나를 느끼는 특이하고도 환상적인 변형을 통하면 타인의 어리석음과 고통 앞에서 너무나 인간적이고 사악한 그 기쁨을 나는 느끼지 않는다. 나는 타인의 치욕 앞에서 고통이 아니라 미학적인 불쾌와 은밀한 노여움을 느낀다. 이런 일이 생기는 것은 친절한 마음 때문이 아니다. 치욕을 느끼는 자가 나와 타인으로 인해서 치욕을 느끼는 것이 아니기 때문이다. 그러나 누군가 타인에게 치욕을 느낀다면 그 일은 나를 화나게 한다. 인간 종족에 속하는 어떤 동물도 타인의 희생을 비웃을 권리가 없는데 그런 일이 벌어질 때 나는 불쾌하다. 타인이 나를 비웃으면 나는 신경 쓰지 않는다. 왜냐하면 갑옷으로 무장한 유익한 경멸이 나를 외부로부터 보호하기 때문이다.

나의 존재의 정원에 경계를 긋기 위해서 나는 어떤 벽보다도 끔찍하고 높은 난간을 세워놓았다. 타인들을 완벽하게 바라보면서 내가 그들을 철저히 배제하고 이방인으로 여길 수 있도록 말이다.

행동을 피하는 방법을 찾아내는 것에 나는 온 관심을 기울였고, 그것이 내 인생의 도덕관념이었다.

나는 국가에도 사람에게도 복종하지 않는다. 그러나 나는 미련한 방식으로 저항한다. 국가가 내게 원하는 유일한 것이 어떤 행동일 수도 있다. 내가 행동하지 않으면 국가는 내게서 얻는 것이 아무것도 없다. 오늘은 더 이상 죽음의 고통이 없으므로 국가는 나를 방해할 수만 있을 뿐이다. 그런 일이 생긴다면 나는 더욱 나의 정신을 무장하여 나의 꿈속으로 더 멀리 숨어야 할 것이다. 그러나 그런 일은 결코 일어나지 않았다. 국가는 결코 나를 걱정하지 않았다. 행운이 나를 보호해준 것 같다.

130(244) 1917. 9. 18
인생을 살면서 내가 가보았던 모든 장소에서, 모든 역에서 온갖 사람들과 함께 살 때 나는 항상 그들에게 침입자였다. 혹은 적어도 이방인이었다. 친척들에게도 지인들에게도 나는 항상 아웃사이더였다. 타인들이 일부러 나를 그렇게 대한 적은 결코 없었지만, 그들이 내 앞에서 보여주었던 순간적인 태도는 늘 그러했다.

어디를 가든 사람들은 모두 내게 친절했다. 타인들이 내게 오만한 태도를 보이거나 화를 내거나 거만한 모습을 보인 적은 극히 드물었다. 그러나 그들이 내게 보여주었던 친절함은 애정이 없는 친절함이었다. 나와 가장 친분이 두터운 사람들에게 나는 늘 손님이었다. 그들은 내가 손님이기 때문에 잘 대해주지만, 이방인에게 마땅히 가져야 할 관심을 줄 뿐, 침입자이기에 당연히 애정은 주지 않는다.

사람들의 이러한 태도가 나의 기질 자체에 있는 모호한 결함 때문이라는 것을 나는 확신한다. 내게는 소통 불감증이 있으며, 이것은 타인들로 하여금 나의 감정 결핍에 대해서 억지로 생각하게 한다.

나는 기질적으로 사람들을 쉽게 사귄다. 사람들은 즉시 내게 호감을 보인다. 그러나 애정까지 주지는 않는다. 나는 결코 헌신을 경험한 적이 없었다. 내게 친근하게 반말을 하는 이방인처럼 다른 사람의 사랑을 받는 것은 내게 불가능한 일 같았다.

그래서 내가 괴로워해야 하는 것인지 아니면 괴로워할 필요도 수용할 필요도 없는 무관심한 운명처럼 그것을 수용해야 할지 모르겠다.

나는 항상 타인에게 기쁨을 주기를 원했다. 사람들의 관심을 받지 못해서 나는 늘 상처를 받았다. 고아가 될 운명이었던 나는 모든 고아들처럼 누군가의 애정을 받아야 한다. 나는 이런 욕구를 실현하기 위해서 늘 허기져 있었다. 나는 이와 같은 불필요한 허기에 늘 맞추어 살았기 때문에 때때로 음식을 먹을 필요조차 느끼지 못하는 것 같다.

아무튼 인생이 나를 압박한다.

타인들에게는 그들에게 헌신하는 누군가가 있다. 그러나 나는 내게만 헌신하는 사람을 한번도 본 적이 없다. 다른 사람들은 보살핌을 받지만, 그들은 단지 나를 친절하게 대할 뿐이다.

나는 타인에게 존경심을 불러일으킬 수는 있지만, 애정을 받지는 못한다. 불행히도 타인들이 내게 처음 존경을 표했을 때, 나는 지금까지도 그것을 스스로 정당화한 적이 없었다. 그래서 진정으로 나를 존경하는 정도에 이른 사람은 아무도 없다.

때로는 내가 고통을 즐기는 것이 아닌가 하는 생각이 들기도 한다. 그러나 사실 나는 다른 것을 원한다.

내게는 지도자의 자질도 추종자의 자질도 없다. 나는 만족하는 자질조차 가지고 있지 못하다. 그것은 나중에 다른 자질이 부족할 때 중요한 것인데 말이다.

타인들은 나보다 영리하지 못하지만, 나보다 강하다. 그들은 사람들 사이에서 그들의 인생을 더 잘 조각한다. 그들은 지혜를 더 능숙하게 관리한다. 나는 남들에게 영향을 줄 수 있는 모든 자질을 가지고 있지만, 그렇게 할 수 있는 기술도, 그렇게 하고자 하는 의지도 부족하다.

언젠가 내가 사랑을 한다고 해도, 나는 사랑을 받지는 못할 것이다.

어떤 것이 사라지도록 하기 위해서 나는 그것을 원하기만 하면 된다. 그러나 나의 운명은 어떤 것과 관련하여 치명적이 될 만한 미덕도 가지고 있지 못하다. 그저 나와 관련된 것에만 치명적이 되는 약점이 있을 뿐이다.

131(263)

사랑 그 자체보다는 그 주변이 중요하다…….

사랑을 승화시킨 빛은 사랑의 경험 자체보다 더욱 밝게 그것의 현상을 밝힌다. 세상에는 매우 현명한 숙녀들이 존재한다. 행동은 보상을 주지만 혼란을 초래한다. 소유하는 것은 소유당하는 것을 의미하기 때문에 자신을 잃는 것이다. 오직 생각할 때만 그것에 손상을 주지 않은 채 현실에 대한 인식을 얻는다.

132(264)

고상하거나 강해지기 위해서가 아니라 자기 자신이 되기 위해서 순수해져라. 사랑을 주는 자는 사랑을 잃는다.

자기 자신을 포기하지 않기 위해서 인생을 포기하라.

여자는 꿈이 나오는 좋은 원천이다. 결코 그녀와 접촉하지

마라.

  육체적 욕망과 쾌락의 개념을 분리하는 법을 배우라. 모든 것에서 그것 자체가 아니라 그것이 유발하는 개념과 꿈을 음미하는 법을 배우라. 왜냐하면 그것 자체인 것은 아무것도 없기 때문이다. 꿈은 꿈일 뿐이다. 그렇기 때문에 어떤 것과도 접촉해서는 안 된다. 당신의 꿈에 손을 댄다면 그 꿈은 죽을 것이고, 그렇게 손댄 대상이 당신의 감각을 점령할 것이다.

  보기와 듣기는 인생에서 유일하게 고상한 것이다. 다른 감각은 수준이 낮고 세속적이다. 진정한 귀족의 취향은 아무것에도 손을 대지 않는 것이다. 가까이 다가가지 말 것. 그것이 바로 진정한 고상함이다.

133(275)

내게 모든 애정은 표면적으로 발생하지만, 진실하게 그러하다. 나는 언제나 배우였지만, 진정한 배우였다. 사랑을 할 때마다 나는 오직 사랑에 빠진 척만 했으며, 나 자신에게도 그러했다.

134(277)

우리가 사는 동안 창가에 영원히 서 있을 수만 있다면, 산의 곡선을 고통스럽게 물들이는 저녁마다 똑같은 순간에 마치 움직이지 않는 담배 연기처럼 항상 그렇게 있을 수만 있다면. 영원을 초월하여 그렇게 머물 수만 있다면! 단 하나의 행위도 저지르지 않은 채, 우리의 창백한 입술이 더 많은 말을 내뱉는

우를 범하지 않은 채, 불가능의 저편에서 적어도 그렇게 머물 수만 있다면!

날이 점점 어두워지는 것을 보라! 모든 사물에 내재된 명확한 평화를 보니 내 마음이 분노로, 씁쓸한 어떤 것으로, 고통으로 차오른다. 나는 영혼이 아프다……. 멀리서 담배 연기 한 줄기가 느리게 올라오다가 흩어진다. 불안한 지루함이 네 생각을 더 이어가지 못하게 방해하는구나…….

모든 것이 얼마나 불필요한가! 우리와 세상과 둘 모두의 신비가.

135(279) 안테로스(그리스 신화에서 안테로스는 히메로스 및 히멘과 함께 에로스의 형제였다. 보상 받지 못한 사랑의 복수자 혹은 사랑에 반대한 반대자로 알려졌다/역주)

눈에 보이는 연인
심오한 사랑과 그것의 유용한 사용에 대해서 나는 피상적이고 장식적인 개념을 가지고 있다. 나는 눈에 보이는 열정에 종속되어 있다. 나는 비현실적인 운명에 맡긴 내 마음을 순수하게 간직하고 있다.

나는 누군가를 그의 '이미지'보다, 그러므로 화가들이 그려놓은 초상화와는 다른 순수한 외모보다 더 사랑한 적이 있었는지 기억할 수가 없다. 영혼이 들어가 생기와 생명을 불어넣는 일만 하는 외모 말이다.

이것이 내가 사랑하는 방식이다. 나는 아름답거나 매력적이거나 사랑스러운 여자나 남자의 이미지를 선택한다(거기에는 욕망도 없으며, 성도 중요하지 않다). 그 이미지가 나를 유혹하고, 나를 구속하고 나의 마음을 사로잡는다. 무엇보다도 나는 그 이미지를 보고 싶을 뿐이고 […] 그 이미지를 외모로 표현하는 실제의 사람을 알고 그와 이야기를 나눌 수 있기만을 바랄 뿐이다.

나는 환상이 아니라 시선으로 사랑을 한다. 왜냐하면 나는 나를 구속하는 이 이미지에 어떤 환상도 품지 않기 때문이다. 나는 어떤 방식으로든 그 이미지와 연결된 나를 상상할 수가 없다 […]. 나의 시선에 오직 외모만을 제시하는 이 피조물이 누구인지, 무엇을 하는지 혹은 무슨 생각을 하는지 나는 알고 싶지 않다.

끝없는 행렬을 이루며 세상을 구성하는 사람들과 사물들이 내게는 끝없는 회랑에 전시된 그림이지만, 나는 그 내용에는 관심이 없다. 영혼이 단조로운 이유와 그것이 모든 사람들에게 항상 똑같은 이유에 나는 관심이 없다. 영혼은 단지 사람들마다 다르게 표현될 뿐이며, 그것의 가장 좋은 부분은 꿈과 태도, 행동에서 넘쳐흐른다. 그러므로 그것은 나의 관심을 사로잡는 이미지의 일부가 된다 […].

나는 그렇게 사물과 존재의 살아 있는 외모를 순수한 시각으로만 경험한다. 그들의 내용과 정신에 관심이 없는 또다른 세상에서 온 신처럼 말이다.

내가 장식적인 대상으로 사랑하는 피조물을 개인적으로 아는 것이 내게 무엇을 줄 수 있을까? 그것은 내게 실망감을 줄 수 없다. 나는 오직 그녀의 외모만을 사랑하고, 그녀에 대해서 어떤 환상도 품지 않으므로 그녀의 평범함이나 어리석음은 중요하지 않기 때문이고, 어쨌든 나는 내가 아무것도 기대하지 않았던 그녀의 외모에만 관심을 가지기 때문이다. 그리고 그 외모는 여전히 거기에 있기 때문이다. 그러나 개인적인 친분은 해로운데, 왜냐하면 부질없기 때문이고, 물질세계에서 부질없는 것은 늘 해롭기 때문이다. 그 피조물의 이름을 아는 것이 나와 무슨 상관이 있을까? 우리가 누구를 개인적으로 소개받았을 때 처음 알게 되는 것일 뿐이다.

개인적인 친분은 명상의 자유를 의미해야 하고, 내가 사랑하는 방식도 그것을 원한다. 우리가 개인적으로 알고 있는 사람을 자유롭게 응시하고 명상하는 것은 불가능하다.

잉여 지식은 예술가에게 무용지물이다. 왜냐하면 예술가를 방해하면서 그가 추구하는 효과를 줄이기 때문이다.

사물의 표현과 외양을 끝없이 열정적으로 사색하는 것이 타고난 나의 운명이다. 나는 꿈에 대한 객관적인 관찰자이고, 자연의 모든 모양과 모습에 대한 시각적인 연인이다.

그것은 정신과 의사들이 심리적 자위행위라고 명하는 경우가 아니며, 이상 성욕도 아니다. 나는 심리적 자위행위에서처럼 환상에 탐닉하지 않는다. 나는 연인을 사귀고 싶은 마음도 없을뿐더러 내가 바라보면서 추억하는 그녀와 대화를 나눌 수 있는 단순한 친구가 되기를 꿈꾸지도 않는다. 내게는 그녀에 대한 환상이 전혀 없다. 성욕 이상주의자처럼 그녀를 이상화하지도, 순수한 미학의 영역 밖으로 그녀를 이동시키지도 않는다. 내 눈이 바라보는 것, 그 눈이 보았던 것에 대한 직접적이고 순수한 기억이 주는 것 외에 나는 그녀에게 바라는 것도 생각할 것도 없다.

136(283)

나는 단 한번도 진지하게 사랑을 받은 적이 없었다. 동정이라면 나는 모든 사람들로부터 늘 받는다. 가장 낯선 사람조차 내게는 거칠거나 무뚝뚝하지 않았으며 혹은 냉정하게 굴지도 않았다. 나는 동정을 받았다. 내가 조금 협조적이었다면, 나는 그 동정심을 사랑이나 적어도 애정으로 변하게 할 수도 있었을 것이다. 나는 그런 노력을 하기 위해서 정신을 집중하거나 인내한 적이 결코 없었다.

나의 이런 천성에 대해서 깨달았을 때(우리는 그 정도까지 우리 자신을 알지는 못한다) 나는 부끄러움을 잘 타는 나의 외모를 생각했다. 그러나 그것이 소심함 때문은 아니었다. 그것은 인생의 지루함과는 다른 감정의 지루함이었다. 특히 노력을 계속하도록 나를 강제하는 것을 의미한다면, 지속적인 감정에 나를 묶어둔다는 생각 때문에 느끼는 초조함이었다. 무엇 때문에 하고 생각하지 않는 것이 내 안에서 생각했다. 나는 충분히 섬세하고, 이유를 알기에 충분히 심리적인 감수성을 가지고 있다. 그러나 이 이유에 대한 이유를 나는 늘 찾지 못했다. 나의 의지박약은 항상 의지를 가지는 그 의지의 박약으로 시작되었다. 감동과 지성도 그리고 의지 자체도, 내 인생의 모든 것도 마찬가지이다.

그러나 사악한 운명 때문에 내가 사랑한다고 믿었고, 내가 사랑받고 있다는 것을 확인할 때마다 나는 돈으로 바꿀 수 없는 복권에 당첨된 것처럼 우선 어리벙벙하고 혼란스럽다. 그런 다음 인간성 없는 인간은 아무도 없었으므로, 나는 다소 우쭐한 기분이 들었다. 그러나 가장 자연스러울 법한 이런 감동은 곧 지나가고, 뭐라고 정의하기 어려운 감정이 생겼다. 하지만 그 감정 속에서 불편하게도 지루함과 굴욕감과 피곤함을 느꼈다.

마치 운명이 익숙하지 않은 야간 교대 시간에 수행해야 할 임무를 내게 부과한 것처럼 지루한 감각이 나타났다. 마치 어떤 새로운 의무(참을 수 없는 상호관계의 의무)가 얄궂게도 특권처럼 내게 할당된 듯이 말이다. 그 특권 때문에 나는 무엇보다 운명에 감사하면서 권태를 견뎌야 했다. 인생의 무기력한 단조로움만으로는 충분하지 않은 듯이, 그 단조로움에다 탈출구가 없는 감정이 구속하는 단조로움을 덧붙여야 하듯이 말이다.

그리고 굴욕감, 그렇다, 나는 굴욕감을 느꼈다. 그런 감정을 야기한 이유 때문에 그렇듯 부당해진 감정이 무엇에 의존하는지 이해하기 위해서는 시간이 걸렸다. 사랑받고 싶은 사랑의 감정이 내 안에서 솟아나야 했을 것이다. 누군가 사랑받을 만한 피조물로서 나의 존재에 관심을 기울였기 때문에 나는 허영심을 느꼈을 것이다. 그러나 그 짧은 허영(어쩌면 놀라움이 더 컸을 감정)의 순간을 제외하면, 굴욕감은 나 자신의 깊은 곳에서 흘러나온 감정이었다. 다른 사람이 받을, 그것을 받을 만한 사람에게 주는 상을 내가 받은 것 같았다.

그러나 무엇보다 나는 피곤했다. 지루함을 넘어서는 수고였다. 그제야 나는 샤토브리앙이 한 말을 이해했다. 나 자신에 대한 인식이 부족했기 때문에 나는 그의 말에 속았던 것이다. 샤토브리앙은 르네라는 인물에 대해서 이렇게 말한다. "사람들의 사랑 때문에 그는 피곤했다(*on le fatigait en l'amant*)." 나와 비슷한 경험이었고, 내게는 그 진실을 부정할 권리가 없다는 것을 나는 놀라운 마음으로 깨달았다.

사랑을 받는 것이, 진정으로 사랑을 받는 것이 얼마나 힘겨운가! 타인이 풀어놓는 감정 꾸러미의 대상이 되는 일은 얼마나 힘겨운가! 너는 늘 자유롭고 싶은 사람인데, 남들이 생각하지 않을 때까지 도망치지 않는 예의를 지키고, 감정을 교환하는 책임 있는 짐꾼으로 너를 변화시키는 것이 얼마나 힘겨운가. 감정을 지배하는 왕이며, 또다른 인간의 영혼이 네게 줄 수 있는 최고의 것을 거부하는 너인데 말이다. 자신의 존재가 타인의 감정과의 관계에 절대적으로 의존하는 사물로 변하는 것을 보는 것이 얼마나 힘겨운가! 아무튼 억지로 감정을 느껴야 하고, 주고받는 것이 없어도 억지로 우리 자신을 사랑해야 하는 것이 얼마나 힘겨운가!

그 모호한 일화는 올 때처럼 그렇게 내게서 지나갔다. 나의 지성에도 나의 감정에도 오늘은 그것에 대해서 아무것도 남아 있지 않다. 그것을 통해서 나는 어떤 경험도 하지 못했으나, 인간생활의 법칙을 보고 혼자서 그런 경험을 추론할 수는 없었을 것이다. 나는 그저 인간이므로, 인간생활에 대한 본능적인 인식을 내 안에 간직하고 있지만 말이다. 그것은 내게 슬프게 기억할 만한 기쁨도, 또다른 슬픔을 느끼며 기억해야 할 불쾌감도 주지 않았다. 마치 다른 곳에서 읽어본 것 같고, 타인에게 일어난 사건 같고, 반만 읽었던 책의 이야기 같다. 그다지 중요한 것은 아니지만, 반이 없었기 때문이고, 내가 읽은 곳까지는 내용이 정확했기 때문이다. 또한 의미는 없지만 빠진 부분은 줄거리가 무엇이든 의미를 줄 수가 없기 때문이다.

내게 남는 것은 나를 사랑했던 사람에 대한 고마움뿐이다. 그러나 그것은 놀랍고 추상적인 고마움이며, 감정보다는 지성에 속하는 것이다. 누군가 나 때문에 고통을 느꼈다는 것이 나는 불쾌하다. 나는 그것이 불쾌할 뿐이지 다른 것은 전혀 불쾌하지 않다.

인생이 내게 자연 그대로의 감정과 또다시 만나게 해줄 것 같지는 않다. 처음 한 경험을 오랫동안 분석한 뒤에, 이번에는 내가 무엇을 느낄지 보기 위해서 이런 일이 일어나기를 나는 바랄 것이다. 나는 더 큰 감정을 가질 수도 있겠지만, 더 작은 감정을 가질 수도 있을 것이다. 운명이 그렇게 되기를 원한다면 말이다. 나는 감정이 궁금하다. 사실에 대해서는 그것이 무엇이든, 나는 궁금하지 않다.

137(284) 1932. 10. 5 왕자의 죽음

신도 인간도 이성도 없고, 모든 것이 우리가 상상하는 것과는 전혀 다른 진실이라면? 그리고 모든 것이 우리가 느끼는 것을 느낄 수도 없는 어떤 것이라면? 전적으로 다른 세계에 속하는 어떤 미스터리라면? 그리고 우리 모두(인간, 신들과 세상)가 존재하는 것 바깥에 자리하고 있는, 누군가 생각하고 있는 사고이며, 누군가 꾸고 있는 꿈이라면? 꿈을 꾸지도 생각하지도 않는 누군가를 꿈꾸거나 생각하는 그 누군가가 그 나름대로 허구와 공허함에 얽매여 있다면? 존재할 수 있는 사물로서 이런 현상을 보고 있는 나는 어느 곳에 있을까? 그렇듯 위에 있는 나는 어떤 다리를 지나갈까? 내 밑에는 이 세상과 다른 세상에 있는 모든 도시의 빛과, 저 위에 늘어진 파괴된 진실의 구름이, 결합할 수 있는 무엇인가를 찾고 있는 양 찾고 있는 그 구름이 있는데 말이다.

열이 나지만 잠은 오지 않는다. 나는 눈에 보이는 것을 알지 못한 채로 보는 중이다. 주위에는 온통 거대한 평야와, 먼 강과 산들이 있는데……. 그러나 동시에 아무것도 없으며, 나는 신들의 새벽에 떠나거나 남아야 한다는 생각에, 어디에 있어야 하고 무엇이 되어야 한다는 생각에 지독한 공포를 느끼고 있다. 이 방도, 나는 그 안에서 나를 바라보는 너를 느낀다, 내가 알고 있는 무엇이며, 내가 보는 것처럼 존재한다. 이 모든 것은 결합된 동시에 분리되어 있으며, 그것들 중 어느 것도 내가 지금 보고자 하는 다른 어떤 것이 아니다.

과거에 존재하지 않았던 나와 앞으로 존재하지 않을 나 사이에 현재의 내가 존재한다. 내가 앞으로 현재의 이 순간보다 더 좋은 왕국을 가지지 못할 것이라면, 그들은 내게 왜 왕국을 주었던가?

138(290) 1932. 5. 2

나는 결코 잠을 자지 않는다. 나는 사는 동시에 꿈을 꾸거나, 아니면 잠을 자는 동안 그리고 깨어 있는 동안 꿈을 꾼다. 잠도 인생이다. 나의 의식은 중단되는 법이 없다. 아직 잠을 이루지 못하거나 혹은 잠을 편하게 자지 못할 때, 나는 나를 둘러싼 것을 느낀다. 잠들자마자 나는 곧 꿈을 꾸기 시작한다. 그렇게 나는 연결되어 있든 연결이 끊겨 있든 영원히 펼쳐지는 이미지가 된다. 그것들은 늘 외부에 있는 척한다. 내가 깨어 있을 때 어떤 것들은 인간과 빛 사이에 자리를 잡고 있고, 내가 잠을 자고 있다면 어떤 것들은 환영과 어둠 사이에 자리를 잡는다. 하나의 사물과 다른 사물을 어떻게 구별할 수 있는지 나는 정말 모른다. 깨어 있을 때 잠을 자고 있는 것인지, 아니면 잠을 잘 때 깨어 있는 것인지 나는 단언할 수 없을 것이다.

인생은 누군가 헝클어놓은 실타래나 마찬가지이다. 인생은 일직선으로 펼쳐지고 가지런히 배열될 때 혹은 감겨 올라갈 때 의미가 있다. 그러나 마찬가지로 주위를 감쌀 수 있는 장소도 없이 감싸는 것은 핵심이 빠진 문제나 마찬가지이다.

나는 나중에 글로 쓸 것을 지금 느낀다. 나는 이미 말할 문장을 꿈꾸고 있기 때문이다. 반쯤 잠들어 있는 이 밤을 통해서 나는 몽롱한 꿈의 풍경과 더불어 더욱 몽롱하게 들리는 저기 바깥의 빗소리를 감각한다. 그것들은 혼돈으로 흔들리는 공허함이 만들어낸 속임수이며, 그 속임수를 통해서 바깥에서 신음하는 변함없는 비가 쓸데없이 뚝뚝 떨어진다. 그 비는 듣는 자가 만들어낸 풍경의 지나친 디테일인 것이다. 희망? 없다. 바람이 옮기는 빗물의 고통이 보이지 않는 하늘에서 떨어진다. 나는 계속 잠을 자고 있다.

인생은 비극이 만든 결과이며, 그 비극이 일어난 곳은 공원의 가로수 길이 틀림없다. 그것들의 양쪽에는 가로수가 늘어서 있어서 아름다웠으며, 그리고 그것들은 다른 무엇이 되기를 원했다. 그러나 사랑은 지루한 그것들의 미래로 연기되었고, 있었어야 할 것에 대한 향수가, 그것들이 가지지 못했던 사랑의 결과가 되고 있었다. 그러므로 근처 숲을 비추는 달빛을 받으며(숲을 통해서 달빛이 스며나오고 있었다) 그것들은 손에 손을 잡고 황량한 가로수 길 고유의 고독함을 가로질러 욕망도 희망도 없이 산책을 했다. 실제로 그것들은 어린아이들이 아니었기 때문에 어린아이들이나 마찬가지였다. 나무와 나무 사이로 잘라낸 색종이처럼 윤곽이 드러나는 가로수 길들을 지나 그것들은 아무도 가지지 못한 그 무대를 산책하고 있었다. 그렇게 그것들은 항상 함께인 동시에 떨어져서 분수를 향해 사라졌고, 거의 그친 가냘픈 빗소리는 그것들이 다가가고 있는 분수의 물소리가 된다. 나는 사랑이나 마찬가지이고, 그 사랑은 그것들의 사랑이었다. 그래서 나는 깨어 있는 밤에 그것들의 소리를 들을 수 있고, 그래서 나는 불행하게 살 수 있다.

139(293) 1931. 3. 10

지루해서 일을 하는 사람이 있는 것처럼 나는 할 말이 아무것도 없기 때문에 때때로 글을 쓴다. 생각을 하지 않는 사람은 여담을 피할 수 없고 그것에 몰두하지만, 나는 산문으로 꿈을 꿀 수 있으므로 글을 쓰면서 그런 여담에 몰두한다. 그리고 상당히 진지한 감정과 매우 정당한 감동은 내가 감각하고 있지 않을 때 나온다.

살아 있다고 느끼는 감각에서 오는 공허함이 어떤 구체적인 것의 밀도에 도달하는 순간이 있다. 성자들처럼 행동하는 진정 위대한 사람들에게(성자들은 감정의 일부만 쓰는 것이 아니라 모든 감정을 동원하여 행동하기 때문이다), 인생이 아무것도 아니라고 느끼는 감정은 그들을 무한의 세계로 인도한다. 그들은 스스로 밤과 별로 만든 화환을 쓰고, 침묵과 고독의 성유를 자신의 머리에 붓는다. 황송하게도 이들의 명부에 나 또한 속하는데, 행동하지 않는 위대한 자들을 위해서 동일한 감정은 결국 무한소(無限小)가 된다. 허나 감각은 고무줄처럼 팽팽하게 늘어나며 축 늘어진 그 감각들의 헛된 지속성에 숭숭 뚫려 있는 숨구멍을 보기까지 한다.

이 순간 두 부류의 사람들은 모두 행동하거나 혹은 행동하지 않는 평범한 사람들처럼 수면을 갈망한다. 불확실한 존재인 인류를 단순하게 반영할 뿐인 그 수면을 말이다. 잠은 하느님과의 융합이다. 아니 그것을 더 잘 정의하고 싶은 것처럼 열반이나 마찬가지이다. 잠은 영혼의 원자학처럼 이용되든, 의지를 말하는 음악처럼 혹은 단조로움이라는 말의 느린 낱말 바꾸기처럼 경험되든, 감각에 대한 더딘 분석이다.

나는 보이지 않는 쇼윈도 앞에 서 있는 것처럼 낱말을 고르느라 오랫동안 지체하면서 글을 쓰고 있다. 내게 남은 것은 반(半)-의미이고, 유사-표현이다. 그것은 내가 맞추지 못했던, 직물의 색과 같고, 뭔지 모를 사물들로 구성되어 나타난 조화와 같은 것이다. 죽은 아들을 안고 흔드는 넋이 나간 어머니처럼 나는 나를 흔들면서 글을 쓰고 있다.

언제인지 모를 어느 화창한 날 나는 이 세상에서 나를 발견했다. 태어났을 때부터 그날이 되기까지 나는 명백히 그것을 깨닫지 못한 채 살았던 것이다. 과거에 내가 어디에 있었는지 물었을 때, 모두 나를 속였고, 서로의 말을 부정했다. 내가 해야 할 일을 가르쳐달라고 했을 때, 모두 내게 거짓말을 했고, 제각각 다른 것을 말했다. 어디로 가야 할지 몰라 도중에 멈춰 섰을 때, 아무도 모르는 곳을 향해 내가 계속 걸어가거나 혹은 되돌아오자 모두 깜짝 놀랐다. 요컨대 어디서 온 줄도 몰랐던 내가 교차로에서는 깨어 있는 것이다. 타인들이 지체 없이 암송했던 배역을 알지도 못한 채 나는 무대에 있었다. 비록 그들도 그 배역을 몰랐지만 말이다. 그들은 내게 시종의 옷을 입혔지만, 여왕은 주지 않았는데, 그러면서도 왜 여왕이 없냐며 나를 비난했다는 것을 나는 깨달았다. 나는 나의 손에 전달해야 할 전언이 들려 있다는 것을 깨달았다. 그러나 종이에는 아무 것도 없다고 말하자, 그들은 나를 비웃었다. 모든 종이는 비어 있기 때문에 혹은 모든 전언은 추측할 수 있기 때문에 그들이 비웃은 것인지 아직도 나는 모르겠다.

드디어 나는 내게는 없는 벽난로 앞에 있는 듯이 교차로의 이정표에 앉았다. 나는 그들이 내게 했던 거짓말을 가지고 나와서 종이배를 만들기 시작했다. 아무도 내 말을 진지하게 생각하지 않았고, 거짓말쟁이만큼도 나를 신뢰하지 않았다. 그리고 나는 나의 진실을 비춰볼 호수도 없었다.

잃어버린 쓸모없는 낱말들, 막연한 불안감으로 어둠에 묶여 있어서 완성되지 못한 은유……. 어디인지 모를 가로수 길에서 살았던, 행복한 시간의 흔적……. 램프의 불은 꺼졌지만, 그것의 금빛은 꺼진 불빛에 대한 추억으로 반짝이고……바람이 아니라 대지를 믿기 때문에, 눈에 보이지 않을 정도로 영원한 나무에서 떨어진 낙엽처럼 한번 잡아보지도 못하고 손가락 사이로 미끄러져 내려간 낱말들……. 남의 정원에 있는 분수를 그리워하는 향수……. 단 한번도 일어나지 않은 것에 대한 다정한 마음…….

살아가기! 살아가기! 페르세포네의 침대에서라면 내가 잠을 잘 것이라는 의혹을 품고서.

140(298) 1934. 6. 19

우리가 추상 속에서 계속 살아갈 때—그것이 추상적인 생각이든 추상적으로 상상하는 감각이든—결국 우리가 자신과 더 많이 조화를 이루며 느껴야 하는 현실에서의 사물은 우리 자신의 감정과 우리의 의지에 반하여 우리에게는 환영이 되고 만다.

내가 누군가의 진실한 친구가 될 수 있다고 해도, 그가 병에 걸렸거나 죽었다는 소식을 들으면 나는 단지 모호하고, 불확실하고, 무딘 느낌을 받을 뿐이며, 나는 내가 그렇게 느낀 것이 부끄럽다. 사건에 대한 직접적인 광경만이, 그것의 풍경만이 내게 감동을 줄 것이다. 상상력으로 살아가는 덕택에 상상할 수 있는 가능성이 감퇴한다. 특히 현실을 상상할 수 있는 가능성이 말이다. 존재하지 않지만 존재할 수 있는 것을 관념적으로 경험하기 때문에 결국 우리는 존재할 수 있는 것을 감지할 수 없게 된다.

오랫동안 만나지 못했지만, 향수로 추측되는 어떤 느낌을 가지고 진실한 마음으로 늘 추억하는 나의 옛 친구가 수술을 받기 위해서 병원에 입원했다는 소식을 나는 오늘 들었다. 내가 받은 유일하게 확실한 느낌은, 그의 병문안을 가야 한다는 것이 얼마나 성가신 일인가 하는 것이었다. 그의 병문안을 가지 않을 경우 그 일로 후회할 것이라는 모순적인 선택권을 가진 채 말이다.

그것이 전부이다……. 그림자들과 씨름한 덕분에 나는 스스로 그림자가 되었다. 내가 생각하는 것이, 내가 느끼는 것이,

내가 존재하는 것이 되었다. 그러자 내가 한번도 가진 적이 없었던, 평범함에 대한 향수가 내 존재의 본질 속으로 들어온다. 그러나 그것만을, 오직 그것만을 느낄 뿐이다. 나는 진정 수술을 받아야 하는 친구에 대해서는 동정을 느끼지 않는다. 나는 진정 수술을 받아야 하는 모든 사람들에게, 이 세상에서 고통받고, 비탄에 빠진 모든 사람들에게 동정을 느끼지 않는다. 나는 오직 동정을 느낄 수 있는 사람이 될 수 없다는 사실에 대해서만 동정을 느낄 뿐이다.

나는 곧 알 수 없는 어떤 충동 때문에 불가피하게 또다른 것을 생각하고 있다. 그리하여 나는 마치 망상에 빠진 사람처럼 내가 느끼지 못했던 것을, 내가 될 수 없었던 것을 나무들이 스치는 소리로, 물탱크에 흘러가는 물소리로, 시골의 존재하지 않는 사유지로 착각한다……. 나는 느끼려고 애를 쓰지만, 느끼는 것이 무엇인지 더 이상 알지 못한다. 나는 나 자신의 그림자가 되었다. 내가 나의 존재를 양도한 그림자가 된 것이다. 독일의 이야기에 나오는 페터 슐레밀(아델베르트 폰 샤미소의 『페터 슐레밀의 이상한 이야기』에 나오는 인물로, 그는 자신의 그림자를 악마에게 팔아버리지만, 끝까지 자신의 영혼을 포기하지 않는다/역주)과는 반대로 내가 악마에게 판 것은 나의 그림자가 아니라 나의 실체이다. 나는 고통을 느끼지 않기 때문에, 고통을 느낄 수 없기 때문에 고통스럽다. 나는 살고 있는 것일까, 아니면 사는 척하는 것일까? 나는 잠을 자는 것일까, 아니면 깨어 있는 것일까? 한낮에 불어오는 시원하고 가벼운 산들바람이 내게 모든 것을 망각하게 한다. 눈꺼풀이 기분 좋게 무거워지고……이 똑같은 햇빛이 내가 없으나 가서 있고 싶은 들판을 황금빛으로 물들이는 것이 느껴지고……소란한 도시에서 거대한 침묵이 흘러나오고……얼마나 달콤한가! 하지만 내가 감정을 느낄 수만 있다면, 그보다 더 달콤한 것은 없으리라!

141(299)
내 인생에서 가장 큰 비극은(아무튼 속임수와 그림자 속에서 일어나는 그 비극들 중에서) 자연스럽게 감정을 느낄 수 없다는 것이다. 모든 사람들이 두려움을 느끼고 나를 감격시킬 수 있듯이, 나도 모든 사람들처럼 사랑하고 증오할 수 있다. 그러나 나의 사랑도, 나의 증오도, 나의 두려움도, 나의 열광도 정확히 그것들 그 자체는 아니다. 그것들에는 한 가지 요소가 빠져 있거나 뭔가 과도한 것이 있다. 진실은 이것이다. 즉 그것들은 뭔가 다른 것이고, 내가 느끼는 것은 인생과 조화롭지 못하다는 것이다.

타산적이라고 정의되는 존재에게서(그리고 그 말은 매우 직설적이다) 감정은 타산이라는 말이 한정하는 것에, 이기적인 관심에 영향을 받으며, 그러므로 마치 다른 것처럼 보인다. 신중하다고 더욱 적절하게 정의되는 존재에게서도 마찬가지로 자연스러운 본능이 어긋난 것을 볼 수 있다. 나도 마찬가지로 감정의 확신이 모호해지지만, 나는 계산적인 사람도 신중한 사람도 아니다. 나는 감정을 느끼는 나의 잘못된 방식에 대해서 변명하지 않으련다. 나는 본능적으로 본능의 성격을 변질시킨다. 나는 나도 모르는 사이에 잘못된 방식으로 원하는 것이다.

142(302)
나는 때때로 우리 자신에 대한 우리의 의식의 지형을 미래에 만들어낼 수 있는 가능성에 대해서 다소 유쾌하게(양가적으로) 생각한다. 내가 생각하기에 우리의 감각에 대해서 연구하는 미래의 역사가는 자신만의 영혼을 의식하는 태도를 엄밀한 학문으로 축소할 수도 있을 것이다. 당분간 우리는 이 어려운 과목을 공부하는 초학자가 된다. 무엇보다 그것은 하나의 과목이기는 하지만, 연금술의 무대에 당분간 있게 될 감각을 연구하는 화학이다. 먼 미래에 등장할 이 과학자는 자신의 내적인 인생에 대해서 특히 의심할 것이다. 그는 자신의 인생을 분석의 대상으로 축소하기 위해서 엄밀한 도구를 스스로 제작할 것이다. 자기분석을 위해서 오로지 강철과 청동 같은 사고로만 이루어진 정확한 도구를 만드는 일은 그리 어렵지 않다. 나는 진심으로 강철과 청동을 언급한 것이지만, 정신 속에 녹아든 강철과 청동이라야 한다. 아마도 정신은 진정 그런 식으로 연마되어야 할 것이다. 내면을 엄격하게 분석할 수 있도록 하기 위해서 생각을 물질적으로 보면서 엄밀한 도구를 통해 생각을 얻어야 할 것이다. 물론 정신도 일종의 실재하는 물질로 축소해야 할 터인데, 이때 그 정신이 존재할 수 있는 일종의 공간도 함께 있어야 할 것이다. 이 모든 것은 우리의 심오한 감각을 최대한 정교하게 다듬어야 한다는 사실에 달려 있다. 가능한 극단까지 밀어붙이면 우리의 감각은, 물질이 존재하는 공간이기는 하지만, 사실 그 물질이 사물로서 존재하지는 않는 그런 공간처럼 진실한 공간을 우리 안에서 틀림없이 드러내거나 만들어낼 것이다.

이 내면의 공간이 단지 다른 공간에 속하는 새로운 차원에 불과한 것인지는 나도 모르겠다. 혹시 미래의 과학적인 연구를 통한다면, 그것이 물질적이든 혹은 정신적이든 상관없이 모든 것이 동일한 공간에 속하는 하나의 차원임이 밝혀질 것이다. 우리는 하나의 차원에서 육체로 살 터이지만, 다른 차원에서는 영혼으로 살 것이다. 마찬가지로 우리 자신의 다른 것들도 실재하므로 우리가 살고 있는 또다른 차원들도 있을 것이다. 때때로 나는 이렇게 쓸데없는 명상에 빠져서 그 명상이 도달할 수 있는 곳까지 파헤치기를 좋아한다.

우리가 하느님이라고 부르는 것이, 시간과 공간 및 논리가 다른 단계에서 그렇듯 강력하게 존재하는 것이 우리가 존재하는 하나의 방식이고, 또다른 차원에서 존재하는 우리에 대한 감각임이 아마도 밝혀질 터이다. 그것이 불가능할 것 같지 않다. 꿈도 우리가 살아가는 또다른 차원이거나 혹은 두 차원이 만들어낸 결과일 것이다. 하나의 몸이 적당한 높이와 넓이와 길이로 살아가는 것처럼, 우리의 꿈도 이상과 자아와 공간 속에서 살아가고 있을지도 모를 일이다. 꿈이 눈에 보일 수 있도록 재현되어야 하는 공간에서, 물질과는 다른 종류를 제시하기 위한 이상 속에서, 우리 존재의 내적인 측면을 위한 자아 속에서 말이다. 우리 모두의 자아는 하나의 신성한 차원일 것이다. 그 모든 것이 복잡하지만, 동시에 틀림없이 정해져 있을 것이다. 오늘날의 몽상가들은 아마도 미래의 마지막 학문을 연구하는 위대한 선구자들일 것이다. 물론 그것이 미래의 마지막 학문은 아닐 것이다. 그러나 그것이 지금 내가 말하고 있는 것과 무슨 상관인가.

때때로 나는 마치 구체적으로 작업을 하는 과학자처럼 공손하고도 주도면밀하게 이런 유형의 형이상학을 만들어낸다. 이미 말한 것처럼 나의 학문은 진정한 학문일 수도 있다. 중요한 것은 지나치게 자만하지 않는 것이다. 왜냐하면 자만은 과학적인 정밀함이 보여주는 정확한 공평함에 해를 끼치기 때문이다.

143(303)
가장 단순한 것, 그 어떤 것도 절반으로 단순하게 만들 수가 없는, 진정 가장 단순한 것을 경험한다는 사실만으로도 나는 복잡해진다. 누군가에게 인사를 하다 보면 때때로 나는 깜짝 놀란다. 큰 소리로 안녕하세요라고 말하는 것이 마치 이상하게도 대담한 행동인 양 목이 막혀서 나오지 않는다. 그것은 내가 존재한다는 것에 대한 일종의 수치심이다. 그것 말고 달리 표현할 말이 없는 것이다!

우리의 감각을 부단히 분석하다 보면 감각을 느끼는 새로운 방법이 생긴다. 감각이 아니라 오직 지성으로만 분석하는 사람이 본다면 그것은 인위적으로 보인다.

나는 평생 형이상학적으로 하찮은 사람이었고, 놀 때는 진지한 사람이었다. 비록 진지함을 원하기는 했지만, 나는 어떤 일도 진지하게 행한 적이 없었다. 사악한 운명이 내 안에서 나와 함께 즐겼을 뿐이다.

나의 감정이 사라사 무명이나 실크 혹은 무늬가 있는 원단으로 만들어졌다면 얼마나 좋을까! 그렇게 확실하게 펼칠 수 있는 감정을 가졌다면! 최소한 펼쳐 보일 수라도 있는 감정을 가졌다면!

하느님에게 속하는 후회가 나의 영혼을 압박한다. 모든 일에 대한 후회가, 꿈을 꾸었던 자들의 육신에 가하는 꿈의 비난 때문에 소리 없이 눈물을 삼키고 있는 열정이 나의 영혼을 압박하나니……. 그러므로 나는 시를 썼던 모든 시인들을, 이상을 펼쳐 보였던 모든 관념론자들을, 원하는 것을 얻은 모든 사람들을 증오심 없이 증오한다.

나는 조용한 거리를 정처 없이 헤맨다. 영혼이 지친 만큼 몸이 지칠 때까지, 고통이 느껴지는 것을 즐기는, 그 익숙한 고통이 극에 달할 때까지 나는 걷는다. 그러자 나는 막연하게 음악으로 연주되는 동정심 그 자체에 대해서 모정의 연민을 느낀다.

자고 싶다! 잠들고 싶다! 쉬고 싶다! 세상과 별과 영혼을 망각한 채 조용히 쉬고 있다는 추상적인 인식이라도 가지고 싶다! 나의 영혼이 부재하는 별들을 비추고 있는, 감정 때문에 죽은 바다와 같구나!

144(312) 1931. 9. 3
가장 고통스러운 감각과 가장 예리한 감정은 가장 불합리한 느낌이다. 즉 불가능하다는 바로 그 이유 때문에 불가능한 것을 그리워하는 동경, 결코 존재하지 않았던 것에 대한 향수, 존재할 수도 있었을 것에 대한 욕망, 타인이 되지 못하는 고통, 바로 이 세상에 존재하는 것에 대한 불만족. 영혼을 의식하는 이 모든 어중간한 색조의 감정은 우리 안에서 고통스러운 풍경을, 존재하는 우리 자신의 영원한 퇴락을 만들어낸다. 그러므로 우리 자신을 느끼는 우리의 감각은, 머나먼 제방 사이에서 선명한 검은색을 띠면서, 배 한 척 없는 강가에서 슬픈 갈대가 자라는, 어두워지는 황량한 벌판이 된다.

이와 같은 감정이 실망감으로 인해서 조금씩 일어나는 광기인지, 우리가 살았던 또다른 세상에 대한 추억인지 나는 모르겠다. 이 추억은 꿈에서 본 사물처럼 얽히고설켜 있으며, 우리가 현재 보고 있는, 우리가 그 사물의 기원을 알고 있었다면 그것의 기원에서는 그렇지 않을 테지만, 이미지에서는 부조리하게 보인다. 우리의 과거의 모습이었던 또다른 존재들, 우리는 오늘 그것들의 가장 완벽한 모습을 느끼고 있다. 불완전한 방식이나마 현재 존재하는 그것들이 그림자 속에서 존재하는지 나는 모르겠다. 그 구체성을 잃어버리자 우리가 살고 있는 두 가지 차원의 그림자 속에서 간신히 그 구체성을 상상하면서 말이다.

감정에 대한 이와 같은 생각이 영혼을 미치도록 괴롭힌다는 것을 나는 알고 있다. 그 생각에 일치하는 어떤 것이라도 우리는 상상할 수 없다. 그 생각이 품고 있는 광경을 대신할 만한 것을 어떤 것이라도 우리는 발견할 수 없다. 그 모든 것이, 어디에서 누구에게 왜 내려지는 것인지도 모르는 형벌처럼 나를 짓누른다.

이 모든 것을 느낄 때 남는 것은 삶과 삶의 갖가지 표현에 대한 혐오감과, 욕망과 욕망이 행하는 모든 방식이 미리 맛보게 하는 피곤함과, 모든 감정이 주는 익명의 불쾌감이다. 이렇듯 미묘한 고통을 느끼는 순간에는, 비록 그때가 꿈속일지라도 연인이 될 수도, 영웅이 될 수도, 행복을 느낄 수도 없다. 모두 공허하며, 심지어 공허하다고 느낄 때조차 공허하다. 모든 것이 우리가 이해할 수 없는 다른 언어로, 우리의 지성으로는 알 수 없는 단순한 소음을 내는 음절로 말해진다. 인생이 공허하고, 영혼이 공허하고, 세상이 공허하다. 신들은 모두 죽음보다 더 위대한 죽음 때문에 사망한다. 모든 것이 공허함보다 더 공허하다. 모든 것은 아무것도 아닌 것이 만들어내는 혼돈이나 마찬가지이다.

이런 생각을 하면서 현실이 나의 갈증을 풀어주는지 알기 위해서 주위를 둘러보자, 무표정한 집과, 무표정한 얼굴과, 무표정한 행동이 보인다. 돌, 몸, 생각. 모든 것이 죽어 있다. 매 순간은 정지되어 있고, 부동의 상태에 있다. 아무것도 아닌 것은 내게 아무것도 아닌 것을 뜻한다. 나는 아무것도 모르는데, 그것은 그것이 이상하기 때문이 아니라 그것이 무엇인지 내가 모르기 때문이다. 세상은 길을 잃었다. 내 영혼의 심연(이 순간 유일한 현실이다)에는 보이지 않은 강렬한 고통과, 어두운 방 안에서 누군가 울고 있는 소리와 비슷한 슬픔이 있다.

145(314)
감각하는 괴로움이여! 감각해야만 하는 괴로움이여!

146(321)
내가 썼던 모든 글을 오랫동안 한편 한편 맑은 정신으로 다시 읽어본다. 읽고 보니 모든 글이 별 쓸모가 없으며, 차라리 쓰지 않는 편이 나았을 뻔했다. 성공한 일들은, 그것이 제국이든 문장이든, 성공했다는 바로 그 사실 때문에 현실의 일보다 부정적인 모습을 가지고 있다. 그 일들이 덧없다는 것을 우리가 알기 때문이다. 그러나 이 글을 다시 천천히 읽는 이 순간 내가 느끼는 것은, 나의 작품에서 내가 받은 상처는 이것이 아니다. 내가 유감스러운 것은 글을 쓰는 일이 아무런 가치도 없기 때문이다. 또한 글을 쓰느라 허비했던 시간에 내가 얻은 것은 글을 쓰는 것이 가치 있는 일이라고 믿었던, 지금은 깨져버린 착각일 뿐이라는 것이다.

무엇인가를 찾을 때, 우리는 야망 때문에 그것을 찾는다. 그러나 그 야망이 충족되지 않으면, 우리는 가난한 사람이 된다. 허나 그것을 충족하면 우리는 부유한 광인이 된다. 가장 잘 쓴 나의 글이 아무런 가치도 없다고 생각하니, 혹시라도 존재할 수 있는(내가 꿈꾸고 있는) 다른 누군가가 그 글을 더 잘 썼을 것이라고 생각하니 고통스럽다. 예술에서든 인생에서든 우리가 하는 모든 일은 우리가 하려고 생각했던 것의 불완전한 복사판일 뿐이다. 그저 외적인 완벽함이 부족한 것이 아니라, 내적인 완벽함이 부족한 것이다. 부족한 것은 우리가 지켜야 하는 규칙뿐만 아니라 우리가 존재할 수도 있다고 생각한 규칙이기도 하다. 우리는 내부에서뿐만 아니라 외부에서도 비어 있으며, 미래와 약속에 얽매인 천박한 사람들이다.

내가 실제로 쓰고 있었던 것이 아니라, 내가 썼다고 믿었던 것이 부리는 거짓 마술을 한음절 한음절 음미하기 위해서 나는 나의 외로운 영혼 어디에서 힘을 얻어 이 외로운 글들을 썼을까! 삶이 주는 모욕에 대한 보상이라고 착각이라도 한 것처럼 나의 펜보다 더 앞질러 산문이 내게서 태어나는 그 황금 같은 순간에 어떤 얄궂은 마술에 매료되어 내가 나의 산문을 쓴 시인이라고 믿었던 것일까! 마침내 오늘 그 글들을 다시 읽으니 갈기갈기 찢어진 나의 인형들이 보인다. 찢어진 틈새로 삐져나온 밀짚이 보인다. 그리고 그것들은 존재한 적도 없이 흩어져 버린다……

147(326) 미완성으로 남은 자서전

처음에 나는 형이상학적인 사색에 몰두했고, 나중에는 과학적인 사고에 몰두했다. 마지막으로 나는 사회학 이론에 마음이 끌렸다. 그러나 이렇게 진실을 탐구하는 여러 단계를 거치는 동안 나는 단 한번도 안심과 위로를 발견한 적이 없었다. 관심 분야가 어떤 것이든 나는 책을 조금밖에 읽지 않았다. 그렇게 조금 책을 읽는 동안, 확실한 논증을 통해서 모두 똑같이 증명하고 있음에도 불구하고 전부 모순적이고, 오만하게도 **모든 사실을 대표하여** 선택받은 사건들에 따라서 모두 똑같이 효율적이고 개연적인, 다양한 이론을 보는 것이 나는 지겨웠다. 책을 읽다가 피곤한 두 눈을 들어올리면, 옆길로 빠진 관심을 외부 세계로 돌리면, 내 눈에 보이는 것은 오직 한 가지밖에 없었다. 그것으로 인해서 나는 책을 읽고 생각하는 유익함을 거부했고, 그렇게 노력하려는 생각의 모든 꽃잎을 한장 한장 뜯어버렸다. 사물의 무한한 복잡함과, 거대한 총액과 […] 하나의 학문을 구성하는 데에 필요할 수도 있을 그 사소한 자료들이 장황하게 떠들지만 얻어낼 수 없는 것을 말이다.

148(333)

우리가 바로 죽음이다. 우리가 생명이라고 믿는 것은 실제 생명이 자는 잠일 뿐이고, 우리가 진정으로 존재하는 것의 죽음이다. 죽음이야말로 우리가 진정 존재하는 것이다. 망자들은 태어나는 것이지, 죽는 것이 아니다. 우리에게 그 두 세계는 교환되지 않는다. 우리가 살고 있다고 생각할 때, 우리는 죽은 것이다. 그러나 마지막이 되었을 때는 살 준비를 한다.

수면과 인생 사이에 존재하는 관계는 우리가 인생이라고 부르는 것과 우리가 죽음이라고 부르는 것 사이의 관계와 동일하다. 우리는 지금 잠을 자고 있다. 이 인생은, 형이상학적 혹은 시적인 의미에서가 아니라 진정한 의미에서 꿈이다.

우리가 우리의 활동에서 중요하게 여기는 모든 것은 죽음과 관련되며, 이 모든 것이 죽음이나 마찬가지이다. 삶의 불충분함을 승인하는 것이 아니라면 이상은 무엇일까? 삶에 대한 부정이 아니라면 예술은 무엇일까? 조각상은 썩지 않은 물질로 죽음을 고정시키기 위해서 조각한, 죽은 몸이다. 심지어 삶에 푹 빠져 있는 듯이 보이는 쾌락도 우리 자신에게 몰두하는 것이며, 우리와 삶 사이의 관계를 파괴하는 것이고, 죽음의 불안한 그림자인 것이다.

사는 것은 죽는 것이다. 왜냐하면 우리가 새롭게 사는 하루는 우리가 잃어버린 인생의 또다른 날이기 때문이다.

우리는 꿈을 꾸고, 우리는 불가능한 숲을 통해서 방황하는 그림자이다. 그 숲에서 나무들은 집과 습관, 생각과 이상 및 철학이다.

그러니 결코 하느님을 찾지 말고, 하느님이 존재하는지 결코 알아내지 말라! 늘 착각에 빠져 보호를 받고, 늘 실수로 응석을 부리며 한 세상에서 다른 세상으로 가고, 이 육신에서 저 육신으로 체현되어 지나가라.

결코 진실과 평화를 찾지 말라! 하느님과의 결합은 절대 찾지도 말라! 진정한 평화를 결코 구하지 말고, 대신 평화의 한 조각을, 평화에 대한 욕망만을 구하라!

149(349) 1933. 4. 5

우리가 느끼는 가장 큰 고통을 우주의 삶에서뿐만 아니라 우리 영혼의 삶에서도 대수롭지 않은 사고로 생각하는 것, 이것이야말로 지혜의 시작이다. 깊은 고통에 빠져 있을 때 그것을 생각하는 것이 가장 현명한 일이다. 우리는 고통을 받을 때 인간의 고통이 끝이 없을 것만 같다고 느낀다. 그러나 인간의 고통은 영원하지 않다. 인간에게 영원한 것은 아무것도 없고, 우리의 고통도 우리의 고통이라는 사실 외에는 다른 의미가 없기 때문이다.

지루함에 못 이겨 미칠 것만 같고, 고통 때문에 광기의 경계선까지 넘을 듯할 때 나는 몇 번이나 머뭇거리며 걸음을 멈추고 그것에 저항한다. 머뭇거리며 걸음을 멈추고 나서 나는 신이 된다. 세상의 신비가 무엇인지 모르는 고통, 사랑받지 못하는 고통, 불공평을 견뎌내는 고통, 꼭 끼는 구두로 인한 발의 통증이나 치통으로 우리에게 고통을 주고 감금하면서 우리를 무겁게 짓누르는 인생의 고통. 이 중에서 무엇이 가장 괴로운 고통인지 말할 수 없는데, 어떻게 이웃과 세상에 존재하는 모든 사람들에게 그것을 말할 수 있을까?

나와 대화를 했던 몇몇 사람은 나를 둔한 사람이라고 생각했을 수도 있다. 그러나 나는 세상 사람들 중에서 가장 민감하다. 더구나 나는 자신을 알고 있는, 그러므로 감수성을 아는 민감한 사람이다.

아, 인생이 고통스럽다는 말이나, 인생에 대해서 생각하는 것이 고통스럽다는 말은 사실이 아니다. 우리의 고통이 심각하고 무거운 것은 우리가 그런 척하고 꾸밀 때이다. 그것이 바로 사실이다. 우리가 자연스럽게 산다면 고통은 올 때처럼 그렇게 지나갈 터이고, 커졌을 때처럼 그렇게 사라질 것이다. 모든 것이 무(無)이고, 우리의 고통은 그 무 안에 있다.

나는 내 영혼의 경계선을 넘어 폭발할 것만 같고 좀더 넓은 공간을 요구하는 듯한 무거운 지루함에 눌린 채 이 글을 쓰고 있다. 모든 것이 나를 짓눌러 내 목을 조르고 나를 미치게 한다. 이해력이 부족한 타인들에 대한 물리적인 느낌 때문에 나는 혼란스럽고 부서질 것만 같다. 그러나 나는 고개를 들어 낯선 푸른 하늘을 바라보고, 상쾌하고 무지한 바람에 얼굴을 내민다. 그리고 하늘을 본 뒤 눈을 감고, 바람을 느꼈던 나의 얼굴을 망각한다. 기분이 나아진 것이 아니라, 나는 단지 달라진 것이다. 나 자신을 생각하면 나는 나로부터 해방된다. 그리하여 나는 거의 미소를 지을 정도이다. 나를 이해하기 때문이 아니라 타인이 됨으로써 나를 이해하려는 시도를 중지했기 때문이다. 저 높은 하늘에 마치 눈으로 볼 수 있는 무(無)처럼 떠 있는 미세한 구름은 우주 전체의 하얀 망각을 의미한다.

150(360) 1930. 5. 15
과거에 나를 화나게 했던 일들이 오늘은 절로 미소를 짓게 하는 경우가 있다. 특히 한 가지가 떠오른다. 쾌활한 삶을 살아가는 평범한 사람들이 시인과 화가들을 집요하게 비웃는 경우이다. 신문에서 어떤 철학자들이 오만하게 믿는 것처럼 그렇게 한다는 것은 아니다. 그들은 대부분 애정을 담아 그렇게 한다. 그러나 마치 어른이 어린아이나 삶에 대한 확신과 엄격함을 모르는 사람에게 하듯이 그렇게 칭찬을 한다.

　언젠가 나는 화가 난 적이 있었다. 맹렬하게 꿈을 꾸고 글을 쓰는 행위를 비웃는 그들의 미소가 내적인 우월감의 표현이라는 것을 나는 그들이 말하는 천진한 사람으로서 생각했기 때문이다. 사실 그것은 단지 차이에 대한 요란한 인정일 뿐이다. 그의 말에 일종의 오만함이 묻어나왔기 때문에, 나는 그 비웃음에 상처를 받았는데, 오늘 생각해보니 그것이 마치 무의식적인 불신처럼 느껴진다. 어른들이 아이들에게서 그들보다 우월한 날카로운 기지를 알아보듯이 그들 역시 꿈을 꾸고 꿈을 표현하는 우리에게서 그들에게 낯설다 하여 불신하는 뭔가 다른 것을 느끼기 때문이다. 가장 똑똑한 사람들이 우리의 우월성을 진심으로 인정해주기를 나는 바란다. 그러나 그들은 그것을 인정했다는 사실을 감추기 위해서 오만하게 미소를 짓는다.

　그러나 우리의 우월성은 수많은 몽상가들이 그들의 우월성이라고 생각했던 것에 있지 않다. 몽상가는 활동적인 사람보다 우월하지 않다. 왜냐하면 꿈이 현실보다 우월하기 때문이다. 꿈을 꾸는 것이 살아가는 것보다 훨씬 더 실용적이기 때문에, 몽상가가 활동가보다 훨씬 더 폭넓고 다양한 기쁨을 삶에서 끌어내기 때문에 몽상가가 우월한 것이다. 좀더 구체적이고 직설적으로 말하자면, 진정한 활동가는 몽상가이다.

인생은 본질적으로 정신적인 상태이기 때문에, 우리의 행동이나 꿈은 우리가 그것을 유효하다고 판단하는 척도에서 우리에게 유용하기 때문에, 가치 평가는 우리에게 달려 있다. 몽상가는 은행권(銀行券) 배포자이고, 이 은행권은 현실의 은행권처럼 그의 정신세계를 이루는 도시에서 가치를 발휘한다. 인생의 가짜 연금술에서 황금이 사라진 이래로, 내 영혼의 은행권을 결코 황금으로 환전하지 못한다고 한들 그것이 어떻단 말인가? 우리 모두가 떠난 뒤에는 홍수가 닥칠 것이다. 그러나 그것은 우리 다음의 일이다. 누군가 소설을 쓰기 전에 모든 것이 허구라는 사실을 인식하면서 소설을 쓰는 사람들이야말로 훨씬 더 우월하고, 행복하다. 조용히 입을 다물고 은밀하게 글을 쓰기 위해서 궁정인의 관복을 입은 마키아벨리처럼 말이다.

151(361)
우리 자신에 대한 찬양의 말을 뜨개질하는 기쁨…….

152(363) 묵시록적인 감상
확신컨대, 인생길에서 걸음을 내딛을 때마다 나는 새로운 것을 두려워했다. 또한 새로운 사람을 만날 때마다 그는, 날마다 소름끼치는 사색을 하기 위해서 내가 책상 위에 놓아두었던 미지의 것의 생생하고도 새로운 파편이었다. 그리하여 나는 다 그만두기로 했고, 아무데도 가지 않기로 했고, 행동을 최소화하기로 했고, 사람들이나 사건과의 만남을 가능한 한 피하고자 했고, 더욱 금욕하고자 했고, 거부감을 기르고자 했다. 그 정도로 나는 사는 것이 두렵고, 고통스럽다.

결심하기, 어떤 일이든 갈무리하기, 의혹과 불확실에서 벗어나기. 이런 일들이 내게는 마치 재앙 같고, 우주적인 대홍수 같다.

인생이 마치 묵시록 같고 대홍수 같다. 날이 갈수록 나는 점점 사소한 몸짓도 할 수가 없고, 현실의 명확한 상황에 직접 대면할 수가 없다.

타인의 존재는—나의 영혼에는 번번이 예기치 않은 사건이 된다—나에게 항상 고통이고 불안이다. 타인과 대화를 나눌 때마다 나는 온몸에 전율을 느낀다. 누군가 내게 관심을 보이면, 나는 도망친다. 누군가 나를 쳐다보면, 나는 흠칫 놀란다. 누군가 […].

나는 늘 몸을 사린다. 타인과 인생은 내 마음을 멍들게 한다. 나는 눈동자에 현실을 굳건하게 담지 못한다. 심지어 햇빛만 보아도 나는 낙담하고 두려워한다. 저녁이 되면 그제야 나는 낯선 나 자신과만 오롯이 있게 되는데, 그러면 나는 현실과의 연결 고리를 끊고, 필요한 것에 동참하지 않으며 길을 잃은 채 망각한다. 그제야 나는 나를 다시 찾아내어 위로한다.

나는 삶의 냉기를 느낀다. 나는 오로지 습한 지하창고에서, 어둑어둑한 묘지에서 존재한다. 나는 최후의 제국을 방어하다가 대패한 마지막 방어군이나 마찬가지이다. 나는 고대 세계를 지배하던 문명의 붕괴를 맛본다. 과거에 타인을 지배하는 일에 익숙했던 내가 이제는 고독하게 버려졌다. 늘 호위무사를 거느리고 다녔던 내게 이제는 친구도 호위대도 없다.

내 안에 있는 무엇인가가 내게 끊임없이 동정심을 요구하고, 자신의 운명을 슬퍼한다. 새벽녘 전선을 희부옇게 밝히며 야만족이 등장하는 것을 보고, 생명이 제국에게 행복한 시절에 대해서 말해달라고 했을 때, 제단을 빼앗긴 신을 애처로워하는 것처럼 말이다.

사람들이 내 이야기를 하는 것이 나는 늘 두렵다. 나는 모든 일에 실패했다. 나는 내가 아무것도 아니라고 감히 생각하지 못한다. 내가 아무것도 아니라고 꿈꾸지도 못한다. 왜냐하면 꿈에서 내가 인생과 조화를 이룰 수 없다는 것을 인식했기 때문이다. 심지어 몽상가처럼 꿈을 꾸는 상황에서도 그러하다.

어떠한 감정을 느낀다고 해도 나는 베개에 푹 파묻힌 나의 머리를 들어올리지 못한다. 나의 육신과, 살아간다는 생각이나 인생에 대한 단순한 생각을 나는 견디지 못하기 때문이다.

나는 현실의 언어로 말하지 못하고 오랫동안 병석에 누웠다가 처음으로 일어난 병자처럼 인생의 사물들 사이에서 몸을 비틀거린다. 침대에 누울 때만 나는 편안함을 느낀다. 온몸에 열이 오를 때 나는 그것이 침대에 누운 내게 자연스러운 […] 일인 양 기쁘다. 나는 바람에 흔들리는 불꽃처럼 몸을 떨며 혼란에 빠진다. 방문을 모두 닫아놓아 죽어 있는 분위기가 되어서야 나는 평범한 내 인생을 호흡할 수 있다.

나는 바닷가 조가비조차 더 이상 그립지 않다. 나는 내 영혼을 나의 쉼터처럼 생각한다. 나는 가을을 맞은 메마른 고원이다. 그곳에서 유일하게 살아 있는 생명은 어둠에 싸여 깊이를 알 수 없는 검은 저수지의 수면에서 힘없이 꺼져가는 무채색의 반사된 불빛뿐이다. 언덕 위로 흐늘흐늘 늘어지며 추방되는 석양처럼 말이다.

결국 고통을 분석하는 것만이 유일한 기쁨이고, 망가져 시들어갈 뿐인 감각의 불안하고 불건전한 구불거림만이 유일한 관능이다. 형체가 불명확한 그림자를 가볍게 밟는 발자국 소리가 감미롭게 들리지만, 우리는 그 발자국 소리가 누구의 것인지 알기 위해서 뒤돌아보지도 않는다. 멀리서 노랫소리가 아련히 들려오지만, 우리는 노랫말을 귀담아 듣지 않는다. 그것의 의미보다는 모호함에, 그것이 어디에서 오는 소리인지 불확실하다는 것에 우리는 더 마음이 끌린다. 밤의 공간을 가벼운 거리감으로 가득 채우는 가녀린 물소리는 하찮은 비밀을 전하고, 전차의 종소리는 멀리서 되돌아온다(어디에서?). 여기서는 들을 수 없지만 그 소리들 내부는 얼마나 유쾌한가! 그것은 여름이 가을로 미끄러지느라 망각한, 따스한 나른함에 빠진 어느 저녁에 들리는 꾸벅꾸벅 조는 소리인 것을……. 정원의 꽃들은 죽어 있고, 다른 꽃들은 시들어 있다. 빛바랜 노란색을 간직한 그 꽃들이 신비와 침묵과 방관보다 더 고전적이고, 더 고상하며, 현대적이다. 저수지를 스쳐가는 물뱀에게는 꿈을 꿀 이유가 있다. 멀리서 들리는 개구리 울음소리는? 오, 내 마음속의 시골은 죽어 있나니! 오, 꿈속에서만 아는 시골의 평화여!

오, 나의 하찮은 인생이여! 자신의 영혼에 마치 안개처럼 스며드는 풀 내음을 맡으면서, 시원하고 반투명한 소리를, 무(無)와 무(無)가 결합한 모든 것을 통해 이해하므로 심오하고 충만한 소리를, 별들의 서늘한 동정을 받아 피곤하게 방랑하는 미지의 밤의 소리를 들으면서 길가에서 잠을 자는 부랑자 같구나.

　나는 다른 이미지를 떠올리기 위해서 이미지를 계단처럼 밟아가면서 내 꿈이 만든 길을 따라간다. 안에 숨어 있는 큰 그림을 보기 위해서 우연한 메타포들을 마치 부채처럼 펼치면서 말이다. 나는 나로부터 인생을 벗겨내어 너무 꼭 끼는 옷인 양 삐딱하게 놓는다. 나는 도로에서 멀리 떨어진 나무들 사이로 숨는다. 나는 길을 잃는다. 그리하여 덧없이 흘러가는 시기에 나는 간신히 인생의 맛을 잊을 수 있다. 떠들썩한 소음과 빛으로부터 벗어날 수가 있다. 번민에 빠진 폐허로 변한 제국처럼 감각을 따라가면서 불합리하게, 의식적으로 끝을 낼 수가 있다. 그리하여 승리의 북소리가 울려퍼지고 만국기가 펄럭이는 가운데 마지막 거대 도시 안으로 끝내 입성할 수가 있다. 그곳에서 나는 그 무엇을 위해서도 울지 않을 것이고, 그 무엇을 바라지도 않을 것이며, 내 자신에게도 존재하라고 요구하지 않을 것이다.

　꿈에서 만들었던 저수지의 푸른 수면이 나를 아프게 한다. 꿈에서 숲의 풍경 위로 보이는 창백한 달빛은 나의 것이다. 한 번도 본 적은 없으면서도 기억은 하고 있는 거대한 가을 하늘은 나의 고단함이다. 지나간 한평생이 나를 짓누른다. 실패한 나의 모든 꿈이, 내 것이 아니었던 나의 모든 것이 나를 짓누른다. 내 마음속의 푸른 하늘, 내 영혼의 강물이 졸졸졸 흐르는 소리, 현재 보고 있으면서도 보지 않는 평원 속 옥수수 밭의 드넓고 불안한 정적이.

커피 한 잔. 담배 한 개비, 우리를 감싸안는 담배 향기. 어둑한 방 안에서 반쯤 눈을 감고 있기……. 이것과 내 꿈만 있다면 나는 인생에서 다른 것은 바라지 않으리라……. 너무 적은가? 나도 모르겠다. 그것이 너무 적은지 아니면 너무 많은지 그것을 내가 어떻게 알 수 있겠는가?

바깥은 여름날 저녁인데, 내가 어찌 다른 사람이 되기를 바라겠는가……. 창문을 연다. 모든 것이 온화하지만, 그것은 막연한 고통처럼, 모호한 불쾌감처럼 나를 찌른다.

그리하여 최후의 어떤 것이 나를 꿰뚫고, 나를 갈기갈기 찢더니, 급기야 나의 영혼을 깨뜨리고 만다. 사실 이 시각에, 이 창문에서, 이렇듯 슬프고도 온화한 것들 앞에서 나는 그림 속의 인물처럼 아름답고 미학적인 형상으로 변한다. 나는 그가 아니지만, 그렇다고 이 사람도 아닌데…….

그 시각이 지나고 잊히기를……. 밤이 어서 오기를. 거대하게 자라기를. 이 모든 것을 덮쳐서 다시는 일어서지 못하게 하기를. 이 영혼이 영원히 나의 무덤이 되기를…….

역자 후기
이것은 누구의 자서전인가

페르난두 페소아(Fernando António Nogueira Pessoa, 1888-1935) 의 작품은 그의 수많은 이명(異名)들 중 하나인 알베르투 카에이루의 시집 『양치는 목동』을 제외하면 국내에는 번역 출간된 적이 없으며, 『불안의 책(Livro do Desassossego)』은 처음으로 소개되는 그의 대표작이다. 역자는 그에 대한 자료를 찾기 어려워 역자가 자주 자료를 검색하기 위해서 찾는 이탈리아 위키피디아와 페소아 연구자이며 이탈리아 판 역자인 안토니오 타부키의 역자 서문을 참고로 했다. 우선 그의 생애를 살펴보자.

미국의 저명한 평론가 헤럴드 블룸이 파블로 네루다와 더불어 20세기를 대표하는 시인으로 꼽은 페르난두 페소아는 1888년 6월 13일 포르투갈 리스본에서 태어났다. 아버지 조아킴 페소아는 사법부 공무원이자, 일간지 「디아리우 데 노티시아스(Diário de Notícias)」의 음악평론가였다. 그의 어머니 마리아 노게이라는 테르세이라 섬 출신이었다. 그들과 더불어 정신병을 앓는 할머니와 결혼하지 않은 두 고모와 함께 살았다.

그는 시아도 가(街)에 위치한 마르티레스 성당에서 7월 12일

세례를 받았다. 그의 이름 페르난두 안토니우는 파도바의 성 안토니우스와 관련이 있는데, 그의 가족은 자신들이 성 안토니우스의 후손이라고 주장했다. 사실 성 안토니우스의 세례명은 페르난두 불롱이스였고, 그가 리스본에서 세례를 받은 날은 6월 13일, 그러니까 페소아의 탄생일이었다.

그가 태어나고 5년 후에 아버지가 43세의 나이에 결핵으로 사망했다. 이때 그의 어머니는 동생을 임신하고 있었는데, 동생은 세상에 나오지 못하고 사망했다. 어린 시절 겪은 두 번의 죽음은 페소아의 유년기와 청년기에 뚜렷한 흔적을 남겼으며, 이후의 삶에 영향을 주었을 것이다. 어머니는 가구를 팔아야 했고, 좀더 작은 집으로 이사를 해야 했다. 이 시기에 그의 첫 번째 가명, 셰발리에르 데 파스(Chevalier de Pas)가 나왔다. 페소아 자신이 1935년 1월 13일 아돌푸 카사이스 몬테이루(Adolfo Casais Monteiro)에게 보낸 편지에서 이 사실을 밝혔는데, 이 편지에서 그는 이명의 기원에 대해서 폭넓게 이야기하고 있다.

그러므로 그것이 나의 첫 번째 이명(異名), 아니 존재하지 않는 나의 첫 번째 지인(知人)이었던 것 같네. 내가 여섯 살 때 있었던 셰발리에르 데 파스라는 사람을 통해서 나는 나 자신에게 편지를 썼지. 그의 모습이 전혀 불확실하지 않아. 그가 아직도 향수와 맞닿아 있는 나의 애정의 일부를 때리고 있지.[1]

---

1) Tabucchi A., *Un baule pieno di gente. Scritti su Fernando Pessoa*, Milano, Feltrinelli, 1990.

그때 그는 첫 번째 시를 썼고, "사랑하는 나의 어머니에게"라는 헌사를 남기기도 했다. 1895년 그의 어머니는 1년 전 알았던, 더반(남아프리카)에서 근무하는 포르투갈 영사인 주앙 미겔 로사 사령관과 재혼한다. 아프리카에서 페소아는 일찌감치 문학에 소질을 보인다. 결혼식에 이어 그는 어머니 및 외삼촌과 함께 더반으로 이사했으며, 그곳에서 청소년기를 보낸다.

페소아는 어머니의 재혼으로 생긴 형제들 및 새아버지와 더불어 어머니의 관심을 나누어야 했기 때문에 외로웠고, 그래서 생각에 잠기는 것을 좋아했다. 더반에서 영국식 교육을 받으면서 영어를 능숙하게 사용하게 되었다. 그는 초기 작품을 영어로 썼고, 영어로 교육을 받았으며, 셰익스피어, 에드거 앨런 포, 존 빌턴, 바이런 경, 존 키츠 등과 같은 영국 작가들의 작품을 읽었다. 영어는 그의 직업과 작품에 중요한 역할을 했으며, 그는 또한 에드거 앨런 포의 『까마귀』와 『애너밸리』 같은 작품을 번역하기도 했다. 『메사젬(*Mesagem*, 전언)』을 제외하고 살아생전 출판된 작품은 영어로 쓴 2권의 시집뿐이었다. 그는 아일랜드 수도사들이 교육하는 수도원에서 초등학교를 다녔고, 거기서 영성체를 받았으며, 5년 과정을 3년 만에 끝냈다. 1899년에 더반 고등학교에 들어가 3년을 보냈다. 그해에 그는 알렉산더 서치(Alexander Search)라는 이명을 만들었으며, 그에게 편지를 보낸다. 1901년에는 두 살 난 여동생이 사망한다. 휴가 때 그는 가족과 함께 포르투갈로 간다. 가족과 타고 있던 배에는 사망한 동생의 시체도 있었다. 그는 리스본에서 가족과 함께 살았으며, 그곳에서 어머니의 네 번째 아들이 태어났다. 그는 새아버지, 어머니, 형제들과 함께 외가가 살고 있는 테르세이라 섬으로 여행을 했다. 아버지의 친척을 방문하기 위해서 타비라에도 갔다. 이 시기에 그는 「그녀가 지나갈 때(Quando ela passa)」를 썼다.

가족은 더반으로 돌아갔지만, 페소아는 리스본에 남았다. 이 시기에 영어로 소설을 써보기도 했던 그는 상업학교에 입학했다. 그곳에서 그는 낮에는 인문학 과목을 공부했고 밤에 학교를 다녔다. 그는 입학시험에서 좋은 점수를 얻지 못했지만, 영어로 쓰는 에세이에서는 899명의 학생들 중에서 최고점을 받았다. 이 시기에는 영국 고전 작품과 라틴어 작품을 읽으면서 교양을 쌓았으며, 영어로 시와 산문을 썼다. 이때 찰스 로버트 애넌(Charles Robert Anon)과 H. M. F. 레처(H. M. F. Lecher)라는 이명이 태어났다. 여동생이 태어났고 고등학교 신문에 "매콜리(Macaulay)"라는 제목의 비평 에세이를 발표했다.

1905년 페소아는 더반의 가족을 떠나 리스본으로 돌아왔으며, 그곳에서 고모 집에서 거주했다. 어머니와 새아버지도 리스본으로 돌아오고, 페소아도 그들과 함께 살게 된다. 계속 영어로 시를 썼으며, 1906년에는 리스본 대학교 문학부 최고 과정에 입학하지만, 1학년도 마치지 못하고 학교를 그만둔다. 그 당시 그는 포르투갈 문단의 중요 작가들과 만나기 시작했다. 세사리우 베르데의 작품과 안토니우 비에이라 신부의 설교에 관심을 보인다. 가족이 더반으로 다시 돌아가자, 페소아는 할머니와 함께 살지만, 할머니는 그에게 작은 유산을 남기고 곧 사망한다. 그리하여 그는 상업통신문을 번역하는 일을 시작하는데, 이 일은 그가 생을 마감할 때까지 이어진다.

페소아는 1935년 11월 29일 간질환이 악화되어 병원에 입원했다. 평생 술을 너무 마신 탓에 간경변이 생긴 것이다. 그는 11월 30일 47세의 나이로 사망했다. 말년에 그는 안경을 달라고 했으며, 이명들에게 도움을 청했다. 그가 쓴 마지막 문장은 영어였다. "I know not what tomorrow will bring(내일이 무엇을 가져올지 난 모르겠다)."

페소아의 작품들은 대부분 그의 사후에 출판되었는데, 방대한 분량의 시는 『시집』으로 발간되었고, 알바루 드 캄푸스, 알베르투 카에이루, 리카르두 레이스라는 이명(異名) 외에 70개가 넘는 이명으로 작품을 썼다고 한다.

20세기 가장 아름다운 일기로 평가받는 『불안의 책』에서 페르난두 페소아는 자신을 베르나르두 소아레스라는 이명으로 쓰고 있다. 페소아의 이명(eternonimi : etero는 그리스어 hèteros = 다른, onoma = nome, 이름에서 나옴)은 각자 개성을 가진 허구적인 저자들에 대해서 연구하는 것이다. 이명은 가명(pseudonimi)과는 다른데, 왜냐하면 후자는 모른 채로 남아 있는 저자의 진짜 이름을 대신하기 때문이다. 그러나 이명은 저자와 공존하는데, 이들은 완전히 다른 인물로서 나름의 인생을 사는 듯하며 때로는 본명을 쓰는 저자와는 다른 문체로 글을 쓰기도 한다.

전기(傳記)를 가지고 있는 다른 이명들과 달리 호적기록이 없는, 초라하고 시시한 소아레스의 인생은 그를 창조한 페소아의 인생이 희미하게 반사된 것이다. 왜냐하면 소아레스의 직업도 페소아의 직업과 다르지 않기 때문이다. 페소아 자신도 한 편지에서 그를 반(半)-이명을 가진 자로 정의한다. "왜냐하면 그의 개성이 나의 개성은 아니지만, 나의 인생과 다르지 않으며, 나의 인생을 단순히 분절한 것이기 때문이다. 요컨대 논리력과 활동성이 없는 나인 것이다."

이탈리아 판의 역자인 안토니오 타부키는 소아레스의 책을 "이중적인 소설(romanzo doppio)"이라고 말한다. 페소아가 베르나르두 소아레스라는 인물을 창조했기 때문이고, 그에게 일기를 쓰라는 임무를 부여했기 때문이다. 이 자서전은 페소아가 남긴 유일한 산문작품이다. 이 일기는 페소아가 대략 20년 동안 쓴 일기이고, 오랫동안 출간되지 않다가 나중에(1982) 출판되었다.

베르나르두 소아레스는 다른 이명들과 달리 페소아가 인정한 것처럼 페소아와 가장 많이 닮아 있기 때문에 『불안의 책』을 자서전이라고 할 수 있을 것이다. "논리력과 활동성이 없는 페소아"인 소아레스는 창가에 서서 자신이 몸담고 있는 세계와 창문 바깥 세계를 관찰하면서 동시에 자신의 내면세계도 관찰하고 있다. 이렇게 양립하는 두 세계에 대해서 주인공은 모두 낯설다. 사무실에서 장부에 숫자를 기입하는 동안에도 바다를 항해하는 배 위의 여행자들을 볼 수 있는 소아레스의 관찰력은 공간의 파괴이기도 하고, 공간의 겹침이기도 하다. 이렇듯 겹치는 공간과 더불어 소아레스의 세계에서는 시간도 중첩된다.

바스케스 씨는 사장이다. 나는 미래가 되면 느낄 향수에 젖어 미래에 기억할 모습 그대로 지금 그를 기억하고 있다(5).
나는 이미 모든 것을 보았다. 심지어는 한번도 본 적이 없거니와, 앞으로도 결코 보지 못할 것까지 말이다. 미래의 풍경 중에서 가장 최악의 풍경까지 내 혈관 속을 흐른다. 그리고 내가 다시 보아야 할 것 때문에 느끼는 근심은 내게 미리 예견된 단조로움이다(21).

그러므로 소아레스는 기존의 직선적인 시간 관념을 파괴하고 있다. 현재의 나의 인생은 내 부모의 인생이었지만, 앞으로 내 자식의 인생이기도 하다. 과거, 현재, 미래가 한 공간에서 겹쳐 있는 것이다. 이때 소아레스는 과거의 고통과 더불어 미래에 느낄 근심까지 감지하고 있다. 현재를 살면서 영원을 감지하는 것이다.

『불안의 책』에서는 시간과 공간뿐만 아니라 모든 것이 열려 있다. 분리의 선이 명확하지 않거니와 한 점으로 집중되거나 고정되는 일도 없다. 하나의 주제에 집중하지 않으며, 주의(注意)를 해체하고, 나라는 존재는 구체성을 상실한다. 모든 것이 복잡하게 얽혀 있는 이 작품에서 그래도 비슷한 주제를 따라가서 읽어낼 수 있는 것은 나라는 존재의 해체이다. 10번 일기에서 소아레스는 "오늘 불현듯 터무니없지만 정확한 감각을 느낀다. 은밀한 깨달음을 통해서 내가 아무도 아니라는 것을 알았다"고 말한다. 나는 아무도 아니기 때문에 나는 아직도 쓰이지 않은 소설이 되는 것이고, 주변의 사물이 되며, 하나의 현실도 가질 수 없다. 이와 같은 그의 말은 루이지 피란델로의 『아무도 아닌 동시에 십만 명인 어떤 사람(Uno, nessuno e centomila)』이 떠오르게 한다. 피란델로는 자신의 작품에서 단일한 나는 없으며, 타인의 관점에 따라 다르게 보이는 나가 수없이 많다는 것을 고통스럽게 깨닫는다. 주체의 의지와는 상관없이 다르게 보이는 나 때문에 곤혹스러운 주인공 모스카는 결국 자신을 해체하여 자연의 모든 사물로 변한다. 그리하여 해방감을 느낀다. 이와 같은 일련의 과정을 피란델로는 나름 논리적으로 보여주고 있지만, 소아레스의 관찰과 감각에는 논리가 없다. 그저 감각할 뿐이다. 논리력과 활동성이 없는 나가 계속 생각하고 계속 느끼지만, 그의 사고에는 추론이 없고 그의 감정에는 감동이 없다. 소아레스의 나의 해체는 페소아의 이명 작업을 떠올리게 한다. 이명을 만들기 위해서 나를 파괴하는 것이다. 피란델로는 나를 해체하여 여러 개의 나가 존재하게 하지만, 소아레스는 나를 파괴하여 나와 다른 존재를 만든다.

나는 내 안에서 다양한 개성을 만들었다. 나는 지속적으로 개성을 창조한다. 매번 꿈을 꾸기만 하면 나의 꿈은 꿈을 꾸기 시작하는 또다른 사람으로 구체화되지만, 나는 존재하지 않는다.
 창조하기 위해서, 나는 스스로 파괴되었다. 나는 내 안에서 그렇게 외부적으로 표현되었고, 외부에서가 아니라면 나는 내 안에서 존재하지 못한다. 나는 살아 있는 무대이며, 다양한 배우들이 다른 역할을 연기하면서 그 위를 지난다(60).

진중권은 "자기를 조각낸 사나이"(『씨네 21』, 2010년 7월 16일)라는 글에서 페소아의 이명 작업과 정체성에 대해서 말한다. 그는 페소아가 창조하는 이명을 가명과 구분한다. 가명은 자신의 정체를 숨기고, 자기 목소리를 내고 싶을 때 사용하는 반면, 이명은 저마다 다른 인격을 가지고 있다. 이때 진중권이 포착하는 것은 페소아의 "정체성의 추구와는 반대되는 충동"이었다. 정체성은 동일률에 집착하지만, 이명은 "한 인격 내에 잠자는 상이한 가능성들을 현실화"한다는 것이다. "너는 지금의 네가 아닌 세상의 다른 모든 사람이 될 수 있다"는 것이다. 그러므로 이명은 "자아의 모든 가능성을 실현하는 것"이며, "내가 더 이상 내가 아닐 때 '근대적 주체'의 관념은 해체되고, 우리는 마침내 정체성이라는 근대적 강박에서 해방된다"는 것이다. 알랭 바디우는 페소아의 철학을 이해하려면 또다른 세계관이 필요하다고 말했다. 주체의 해체라는 근대적 관념에 몰두하던 때에 페소아는 이미 한 시대를 뛰어넘는 사고를 했다는 것을 의미한다. 그러니 근대의 망령에 사로잡힌 역자에게 그의 철학은 독해하기 힘든 것이었다.

그밖에 흥미로운 점은 많지만, 소아레스의 단조로움을 피하는 방법을 소개할까 한다. 소아레스는 단조로움 속에서 존재의 경이로움을 발견하는 요리사와 웨이터를 소개한다(20번 일기). 소아레스가 자주 들리는 레스토랑의 요리사는 40년 동안 그의 주방에서 일만 했고, 조금 저축을 하고 있으며, 고향에 가기도 하지만 얼른 리스본으로 되돌아오고, 여행도 거의 하지 않았다. 그런 그가 조리대 너머에서 짓는 "미소는 위대하고, 엄숙하며, 흡족한 행복을 말해준다. 그는 꾸미지 않으며, 그럴 이유도 없다. 그가 이런 행복을 느낀다면, 그가 정말 그 행복을 가지고 있다는 것을 의미한다." 30년 동안 홀에서 서빙을 한 웨이터 역시 존재가 단조롭기 때문에 행복하다는 것이다. 도로에서 사소한 시비가 있을 때에만 이 요리사는 흥미를 보이고, 수많은 상상을 하는 소아레스 자신보다 더 오랫동안 자신의 존재의 단조로움에서 벗어난다는 것이다. 그러므로 "존재에 변화를 줄 수 없는 그야말로 지혜로운 사람이다. 그렇게 되면 그는 사소한 사건이 생길 때마다 경이로움을 느낄 수 있기 때문이다" 그러니 "존재의 변화가 없을 때까지 존재를 단조롭게 하라"고 소아레스가 충고한다.

존재의 단조로움을 벗어나 행복을 느낄 수 있는 또다른 방식은 상상 속의 여행이다. 소아레스는 직접 가는 여행과 감각으로 떠나는 여행의 차이점에 대해서 말한다(70, 71번 일기). 사무실에서 일하던 소년은 잡지나 신문 속 여행 광고를 오려서 간직하고, 지도도 있으며, 이국적인 풍경화나 여행 팸플릿을 모았다. 소년은 영혼을 통해서 여행하는 법을 알기 때문에 가장 위대한 여행자였을 뿐만 아니라 가장 행복한 사람이었다는 것이다. 그러므로 피렌체에 실제로 도착하는 것보다 피렌체를 꿈꾸는 것이 더 좋고, 더 진실하다는 것이다. "내가 만약 몸소 여행을 떠난다면, 나는 여행하기 전에 이미 보았던 것의 추한 복사판을 발견할 것"이기 때문이란다. 소아레스의 방법은 편리하다. 극도의 상상력만 발휘하면 된다. 상상력에 필요한 팸플릿과 풍경화는 있어야 한다. 그러니 감각과 상상력을 위해서 현실은 소재를 제공하는 역할을 해야 한다. 하지만 늘 우리는 현실로 되돌아온다. 우리의 상상이 완성되어 베네치아를 여행하고 나면 상상하기 전보다 더 허무한 공허가 우리를 감싸안을 것이다. 그러나 그의 방식은 문학적 상상력을 더욱 자극하여 보다 심오한 작품을 성취시킬 수는 있을 것이다.

　마지막으로 착취에 대한 그의 사고를 언급하고자 한다. 페소아는 자신의 생애를 스스로 작성했는데, 그 보고서에서 자신의 사회적 지위를 반(反)공산주의자이자 반(反)사회주의자로 적고 있다. 역자의 비판은 그의 다른 작품을 읽어보지 못해 허점을 노출할 수도 있다. 모든 일기마다 새로운 감성과 감각을 제시하는 소아레스는 리스본에 위치한 바스케스 사에서 일한다. 좋은 회사에서 일하는 친구가 소아레스의 적은 월급을 보고 착취당하고 있다고 말하자, 소아레스는 "허영과 영광과 경멸과 질투와 불가능으로부터 착취를 당하느니 차라리 직물 사업을 하는 바스케스 씨에게 착취당하는 것이 더 낫지 않을까" 하고 생각한다. 왜냐하면 살면서 모든 인간은 착취당하기 마련이기 때문이다. 이념이나 상징에 얽매이는 것보다 낫다는 것이다. 심지어 신에게도 착취당하는 성직자들이 있으니 말이다. 월급은 적게 받는 사환이 자신의 착취받는 상황에 얽매이기보다는, 직접 여행을 떠날 돈도 없으니 팸플릿과 여행안내 책자를 보면서 영혼의 여행에 빠지는 것이 더 행복할까? 물론 영혼을 통해서 여행하는 그의 방식은 위안과 기쁨을 주고, 기발하며 순간적인 해탈을 준다. 그러나 그의 사고는 더 큰 공허감을 줄 위험이 있으며, 착취당하는 자에게 무기력과 패배감을 안겨줄 수도 있을 것이다. 현실의 공허함에서 벗어나기 위한 그의 사고와 관찰력은 평범한 연구자의 능력으로는 따라잡을 수 없는 것이지만, 곳곳에서 지나친 주관주의가 범람한다.

예민하고, 섬세하고, 날카로우면서도 몽롱한 감각에 집중하느라 밤새 잠을 이루지 못하는 소아레스. 그는 자신의 감각에 대해서 확신하지 않는다. 금세 부서져버릴 것 같은 예민한 감각의 날을 세우고 모든 것을 그냥 지나치지 못한다. 그의 감각을 통해서 순간은 영원이 되고, 단조로움은 숭고함이 되고, 현재는 과거와 미래가 되며, 사무실은 남쪽 바다를 횡단하는 배가 된다. 그는 모든 사람과 관계를 맺기를 원하지 않거니와 불면증으로 밤을 지새우면서 감각의 날을 세운다. 그리하여 그의 감각은 호메로스보다 더 위대한 『일리아드』를 쓰게 한다. 그러나 그것은 순간이며 몸을 조금 움직이기만 해도 그의 시는 조각조각 날아가버린다. 그는 우리에게 이렇게 묻고 있는 것 같다. "당신들은 어떻게 그렇게 삶을 확신하는가?"

역자는 안토니오 타부키가 번역한 *Il libro dell'inquietudine*(Feltrinelli, 2008)와 이에 대한 영문 번역판인 *The Book of Disquiet* (Serpent's Tail, 2002)를 번역 텍스트로 삼았고, 전권을 옮기지 않고 발췌하여 번역했다. 타부키는 페소아의 글이 매우 혁신적이고 사적인 암호처럼 보여서 번역하기 어려웠지만, 독자에게 저자의 언어를 그대로 제시하려고 했다고 말한다. 페소아의 글은 읽기 난해하지만, 한 번 읽으면 다음 문장이 궁금해져서 계속 읽게 만든다. 어려운 번역이었고, 시간이 많이 걸렸지만, 본 역자는 페소아와 소아레스의 문장에 담긴 불안을 추적하면서 그것을 이해하려고 노력했고, 그 사고와 감각의 참신함에 탄성을 질렀다. 이 책은 불안에 겨워 그것에서 벗어나기 위한 것도, 불안에 빠지기 위해서 쓴 것도 아니다. 소아레스의 감각이 보여주는 경계의 넘나듦과 탈중심과 더불어 그로 인한 시간과 공간의 중첩성 및 동시성을 즐기는 것이라고 생각한다.

『불안의 책』은 1982년 포르투갈에서 처음으로 출판되었다. 자신투 두 프라두 코엘류(Jacinto do Prado Coelho)가 편집을 맡았고, 마리아 엘리에테 갈료스(Maria Aliete Galhoz)와 테레사 소브랄 쿠냐(Teresa Sobral Cunha)가 글을 모으고 옮겨적는 일을 맡았다. 현재 원본은 리스본 국립 도서관의 자료보관실에서 페소아 재단 구역에 있다. 『불안의 책』과 관련된 종이는 1번부터 9번까지 표기한 9개의 봉투에 들어 있다. 처음 다섯 봉투는 페소아가 자필로 "Livro do Desassossego"라고 써서 한 덩어리로 묶어놓은 것을 분류한 것이다. 다른 봉투들은 시인이 사망할 때부터 현재까지 "재단"의 연구자들이 페소아가 계획한 『불안의 책』과 관련이 있다고 판단하여 넣은 텍스트를 담고 있다.

코엘류의 편집본은 비평계와 출판계에서 중요한 사건이었다. 엄격한 언어학적인 기준에 따라서 편집되었고, 강독하기 힘든 원본의 문제를 해결해준 필사 작업을 거쳤기 때문에 중요한 자료가 된다. 코엘류는 우선 주제의 범위를 선택하여 순서를 정했다고 한다(지루함, 자전주의, 나는 꿈을 꾼다/나는 존재한다, 무기력/

활동, 자아/타자, 여행, 이명[異名], 죽음 등등). 이 기준은 미궁과도 같은 『불안의 책』을 헤쳐갈 수 있는 실마리를 제공한다. 타부키의 번역판에서 편집을 맡은 마리아 주제 데 란카스트르(Maria José de Lancastre)는 코엘류 판의 순서를 따르기도 했고, 다른 문헌도 참고하여 수정을 가했다고 했다. 괄호 속의 번호는 코엘류의 포르투갈 판의 번호를 말한다. 또한 본문에 사용된 […] 표시는 원본 원고를 옮기는 과정에서 해독이 불가능하거나 누락된 부분을 나타낸다.

  평소에 역자는 번역은 저자와의 대화라고 생각했으나, 이번 번역은 대화를 하는 상대가 소아레스인지 페소아인지 다소 모호해질 때가 많았다. 거기에 타부키까지 가세하는 형국이었다. 올해 사망한 안토니오 타부키는 대학에서 포르투갈 문학을 가르쳤으며, 페소아의 작품을 이탈리아에 소개, 번역했다. 그 또한 『페레이라가 주장하다』를 비롯하여 많은 소설을 남겼다. 타부키는 자신의 번역판이 새로운 시도이자 접근방식이며, 다른 언어로 번역된 것에 비해서 자기만족적인 작품이기도 하다고 말했다. 이번 작품을 통해서 국내에 페르난두 페소아의 작품에 대한 번역과 연구가 활발해지기를 기대해본다.

2012년 3월
역자